カイジ「したたかにつかみとる」覚悟の話

経済ジャーナリスト　木暮太一

サンマーク出版

漫画『カイジ』とは?

自堕落な日々を過ごす主人公、伊藤開司(いとう・かいじ)。そのカイジが多額の借金を抱えたことをきっかけにギャンブルの世界にのめりこんでいくという大人気漫画。巨額な富を持つ「帝愛グループ」らとの命がけのギャンブルを通じて勝負師としての才能を発揮するカイジだが、その運命は果たして……。

皆……
なんとか相手の寝首を掻《か》こうと……
後ろに回ろうと……
策を巡《めぐ》らしている
それが真剣勝負というものだ
おまえは今
ただ……後ろから刺された
それだけだ……！
散れっ……！

妄《みだり》に道徳に反するものは経済の念に乏しいものである。
妄に道徳に屈するものは臆病《おくびよう》ものか怠けものである。

芥川龍之介『侏儒の言葉』より

はじめに

成果を出せる人と、出せない人
目標を達成できる人と、達成できない人
夢をつかみ取れる人と、夢が夢で終わる人

これらの違いはどこにあるのでしょうか？

おそらく、本書を手にしてくださった方の多くは、伊藤開司（以下、カイジ）[※注1]よりも勉強し、働き、いろいろなチャンスに巡り合ってきたでしょう。カイジよりも、まじめに、誠実に生きてきた、という方が多いと思います。

ですが逆に、勝負ごとに直面したとき、自分の目標を達成したいとき、カイジよりも強く、カイジよりも力を発揮できる人は、多くないと思います。

カイジは〝クズ〟でした。私たちが今までしてきた努力の何分の一、もしかしたら何十分の一程度の努力しかしてきていないかもしれません。

利根川※注2がブレイブ・メン・ロードの前で指摘したように、一夜で大金を手に入れたいと考えるのであれば「命を張るしかない」ような、「実力」や「才能」などまったくない人間だったのです。

この本を手に取っていただいた方は、『カイジ』の中でいえば〝勝ち組〟にいるかもしれません。ですが、カイジがどんどん勝ち、どんどんつかみ取っていく一方で、私たちの多くは、勝ち取れずに悩み、苦しんでいます。

なぜでしょうか？

私たちには能力があり、知識もあります。これまでいろいろ努力してきました。一方のカイジは、何か努力をしてきたわけでも、何かスキルを身につけたわけでもありません。しかし、勝負に勝つことができる。

私たちは、何かを得よう、何かを身につけようと必死になっています。しかしながら、ほしいものが手に入らないと嘆いている人が大勢います。

この矛盾について考えながら、改めて『カイジ』を読み直したとき、私たちとカイジの**決定的な違い**が浮かび上がりました。

多くの人が、自分が望む人生を歩むためには、何かを新しく学び、さらに自分の能力を高めなければいけないと思っています。しかしもしかしたらそれは、**圧倒的な誤解**かもしれません。

カイジには知識も経験も、頼れる人脈もありません。でも勝ち、つかみ取ることができるのです。これを「しょせん、マンガの中の話」と片づけないでください。ここに私たちに欠けている真理と本質、そして誰にもあらがえない原理原則があります。

私たちは、それを『カイジ』から学び取ることができるのです。

カイジの真骨頂は、私たち自身とカイジを比較することで、より明確に捉えることができます。

漫画『カイジ』から**〝世の中のルール〟**を学ぶシリーズとして『カイジ「命より重い！」お金の話』『カイジ「勝つべくして勝つ！」働き方の話』『カイジ「どん底からはいあがる」生き方の話』の3冊を世に送り出してきました。

このシリーズを通じてお伝えしてきたことですが、『カイジ』は、単なるギャンブルの話ではありません。困難に直面したときに、どう乗り越えるか、勝たなければいけない勝負にどう挑んでいくか、それを教えてくれる指南書なのです。

何も持たないカイジが、なぜ勝つことができたのか。それが、シリーズの4冊目となる本書のテーマです。

その秘密を知ることで私たちが見ている〝現実〟は大きく変わっていくはずです。

※注1：漫画『カイジ』の主人公。金なし、コネなし、夢もなし。職を転々とし、金持ちの車にイタズラをして憂さ晴らしをするどうしようもない日々を送っていた。ところが、多額の借金を背負い、それを返済するために大企業「帝愛グループ」を相手に命がけのギャンブルをするようになる。

※注2：帝愛グループのナンバー2だったが、カイジとの戦いに敗れて失脚する。その言葉は非常に説得力があり、名言も多い。本シリーズ1作目『カイジ「命より重い！」お金の話』は、利根川が言った「金は命より重い……！」という言葉から着想を得ている。

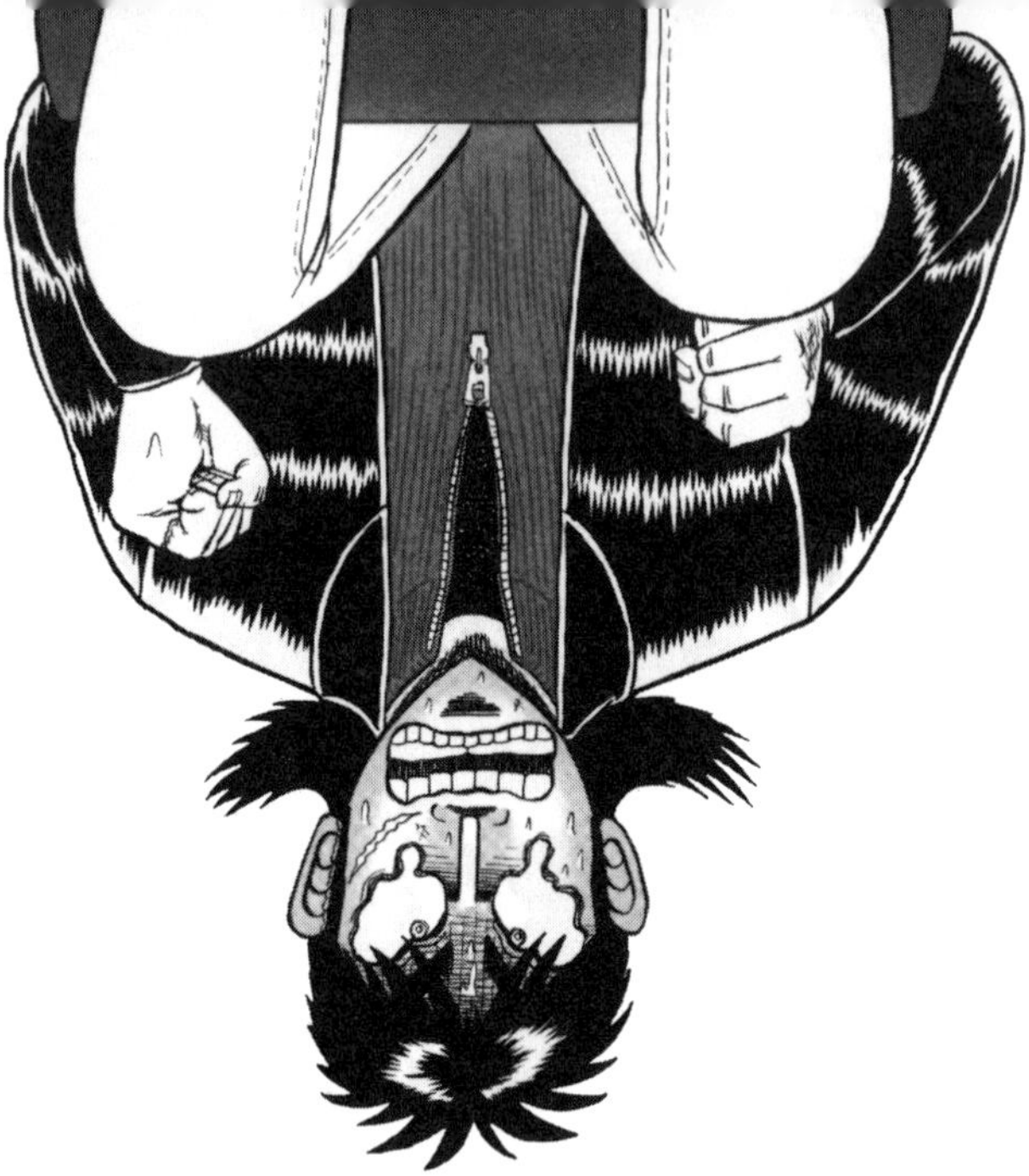

カイジ「したたかにつかみとる」覚悟の話

目次

4 はじめに

第1章 したたかになれる者が、最後に勝つ

17 「ルール」は人を弱くする
23 目の前の選択肢をつかみとる「したたかさ」を持て
26 勝つ人は、必ず「したたかさ」を持っている
カイジが持つ「したたかさ」
〝いい人〟をやめると強くなれる
41 生き残るための本当の強さとは
44 「判断」するな！「覚悟」をしろ！
「やり方」なんて知らなくていい
手段への執着を捨てる
打つ手は無限にある
「勝率」を計算しているうちにチャンスは逃げていく
55 覚悟を積み重ねることで、カイジは強くなってきた
望みに賭ける覚悟を持て

第2章 「正義」も「正解」も〝つくられる〟世の中

69 ブラック資本主義者の手口を暴け
【手口（1）】契約で縛る　契約しないことで逃れる
【手口（2）】逃れられない仕組みをつくる
【手口（3）】情報弱者に夢を見させる
【手口（4）】カネの力にものを言わせる
81 世の中には「ニセモノ」が生き残る仕組みがある
「ノイジー・マイノリティ」があなたの足を引っ張る

第3章 「お金」も「チャンス」もしたたかにつかみとれ

93 稼いで生きる「したたかさ」とは？
利益より理念？
社会への「貢献度」は何で決まるのか
101 人はお金が嫌いなフリをする
日本人が「お金の話」を遠ざける理由
110 なぜ裕福になっても「経済発展」が必要なのか

第4章 前線に出ない者は、一生勝てない

119 自分を「安売り」しない「したたかさ」を持つ
123 これ以上、「受信力」は鍛えなくていい
「受信者責任」と「発信者責任」、重いのはどっち?
128 言いたいことが言えないのはなぜか
132 相手の心を誘導する「したたかさ」を持て
落ち度がなくてもクレームになる
140 「いつか誰かが評価してくれる」というのは幻想である

第5章 したたかになる、覚悟を決めろ

145 不甲斐ない自分でも、今できることをやるしかない
148 他人が決めた「ルール」に振り回されるな
「禁止事項」を疑え
155 「無視」こそが最大の敵
158 「説明されないルール」を見抜け
「出口」から逆にたどると簡単にゴールできる
168 怒りこそ、チャンスを失う最大の要因である

172 「カンニング」こそが生き残る術
相手の考えをしたたかに取り入れる
179 成功者は今も、もがいている
完璧主義では生き残れない
187 〝わらしべ長者〟から「自分の価値」を増やす方法を学ぶ
取引にはつねに〝盲点〟がある
「メリット」は相手が決めるものである

第6章 「自分の価値」は自分で決めろ

199 〝ゴール〟を決めれば自分の「時間」と「エネルギー」を守れる
自分との約束をまずスケジュールに書き込む
207 騙されない思考回路のつくり方
自分の頭で考える習慣を持つ
疑うだけでは前に進めない
「正しさ」は人の手でつくられる
219 迷ったら、「当てはまらないケース」を探す
222 したたかに負けると次の勝ちが見えてくる
227 おわりに

装丁　櫻井浩＋三瓶可南子（⑥Design）
本文ＤＴＰ　ジェイアート
編集協力　加藤義廣（小柳商店）
編集　岡田寛子
平沢拓（サンマーク出版）

第1章

したたかに なれる者が、最後に勝つ

「ルール」は人を弱くする

昨年、とても悲しいニュースを目にしました。

千葉県に住む母子家庭の母親が、中学2年生の娘を殺害し、無理心中を図ったというものです。この母親は、娘を殺害した後、死ぬに死にきれず殺人容疑で逮捕されました。

この母親は、市からもらったパートの仕事で月4～8万円稼いでいました。しかし、親子がこの収入で暮らせるはずがなく、どんどん生活が苦しくなっていったようです。

私はある思いのもと、このニュースを自分のＳＮＳで紹介しました。すると、多くの方からコメントがありました。

「時代が悪い」
「もっとサポートしてあげないと」
「いや、こんな境遇の人はたくさんいる。母親が悪い」
「娘を殺すくらいなら、水商売でも何でもやるべきだった」

などです。

私は殺害された娘はもちろん、この母親も被害者だったと感じています。しかし一方では、娘を守るという自らの使命を放棄し、心中を選んでしまったことを非常に残念に感じました。

この母親がしていたパートの仕事には「掛け持ち禁止」というルールがあったそうです。そのため、この母親はルールに忠実に従い、パートの掛け持ちをせず、結果的に月に数万円しか得られませんでした。

私はもし、この母親がパートをいくつか掛け持ちし、月収20万円でも稼げていたら、こんな結果にはならなかったのではないかと強く思いました。その場合、おそらく「ルール違反」をした母親は世の中から「ズルい！」と非難されるでしょう。ネットも炎上するかもしれません。しかし、世間から非難されるのと、娘を失うのとでは、どちらがいいのでしょうか？

ここ2、3年、アベノミクスの影響で飲食店やコンビニなどの小売店でアルバイトが不足する事態が続いています。そのため、都内ではアルバイトの時給が高くなっています。私が見かけた、某ファーストフードチェーンでは、調理担当のアルバイトを時給1500円で募集していました。

もしこの母親が、このファーストフード店の仕事についていたら、1日8時間、月に20日間働いたとして、単純計算で24万円の収入になります。千葉県に住んでいた親子だったので、それは十分に可能なことでした。

でも「ルールだから守らなければいけない」と考え、掛け持ちをしなかった。その結果、ルールを守って、娘を守れなかったのです。

どんなルールでも守らなければいけないという考え方があります。そしてそれが「正しい」のかもしれません。ですが、それは果たして、人として「強い」のでしょうか？

この母親に足りなかったのは、生き残るための強さだったのではないかと私は思います。その強さは、世の中を変えるような大それたものである必要はありません。また、命をかけて手に入れなければならないような重いものでもありません。少し考え方を変えるだけでよかったのです。本書ではそれを**「したたかさ」**と定義したいと思います。

別の話題からも「したたかさ」について考えてみます。

ここのところ、日本各地で記録的な大雨や水害が発生するようになりました。「100年に一度の災害」と大きく報道されたりしますが、そんな異常事態を毎年経験しているような気もします。

あるとき、豪雨により、ほとんどの交通機関がストップするということがありました。そのニュースをテレビで見ていたときのことでした。日本人の〝まじめさ〟が前面に現れる象徴的な光景を目にしたのです。

水害が発生したとき、テレビ中継で浸水した駅の映像が流れました。駅前のバスロータリーは、大人の腰の高さまで浸水していました。電車も動かず、多くの乗客が立ち往生していました。

この光景を見て、とてつもない違和感を覚えたのです。

とても危険な量の雨が降ることは、メディアの天気予報で何度も繰り返し報道されていました。自治体でも地域の住人に対して避難勧告、避難指示を出していました。それなのに、腰まで水没した道路を歩いて会社や学校に行こうとしているのです。なかには、事態を知っていて、替えの靴を持って出かけた人もいたようです。

そこまでしてなぜ出社する必要があるのでしょうか？　そこまでして出なければいけない授業があるのでしょうか？

なかには、どうしても行かなければいけない事情があった人もいたでしょう。このときは、東京の都心部はそれほどの被害がなく、通常稼働していました。日本全域が被害を受けていたわけではなく、水害は一部の地域に限定されていたのです。

他の人が仕事しているのだから、その人たちに迷惑をかけられないという思いがあったのかもしれません。だから何としてでも行かなければならない、と。その気持ちは理解できます。

しかし、靴が濡れるだけではとても済まない水害です。外出すれば、命の危険があることは容易に想像がつきます。安全なプールの中を歩いて行くのと違い、下が見えません。現に、マンホールのふたが外れているのがわからずに、下水道に落ちてしまい、命を落とした方もいたそうです。それくらいの大災害でした。

繰り返しますが、何としてでも行かなければいけない事情があったのかもしれません。しかし客観的に見たら、あの水害の中、通勤・通学しなければいけない理由とは何だったのか、強い疑問を感じます。

重要な仕事があったとしても、会社やお客さんも事情は理解しています。その日1

日何もできなかったからと言って、会社が倒産するわけではありません。また、そもそも誰かに代わりを頼んだり、電話とメールを使えば済むこともたくさんあります。

仕事や学校を簡単に休むのはよくありません。「皆勤賞」という言葉さえあるように「絶対に休まない」ことを善と考える人もいるでしょう。しかし、さきほどの状況を考えたら、休んでもバチはあたりません。多くの人は、「どうしても行かなければいけない予定があった」のではなく、**「行かないという選択肢がなかった」**のです。

果たしてこれが「人として正しい行動」なのでしょうか？

現代では、多くの方が、**〝あるルール〟**にハマり、抜け出せなくなっているように感じます。やりたいことや自分の考えがあっても、そのルールから抜け出すことができず、あきらめてしまいます。その〝ルール〟とは、「ルールは守らなければいけない」というルールです。

本来は、人を守るためにつくられたルールのはずなのに、ルールに縛られて命まで落としてしまう。ルールを守ることが唯一の生きる道のように感じてしまって、本当になすべきことが見えなくなっているのではないでしょうか。

ルールは社会を維持するために必要です。社会を維持することは重要で、そのためにルールを守らなければいけません。しかし、**ルールにはあなた個人を守る力はあり**

ません。「ルールに従っていさえすれば、問題なく生きていける」と考えることはできないのです。

やりたいことや、叶えたいことがあるのであれば、そのルールが本当に必要かを見極め、**ルールを破る「したたかさ」を持つこと**も必要なのではないでしょうか。

目の前の選択肢をつかみとる「したたかさ」を持て

私は、生活苦に陥った方を責めたり、また水害の中、出かけようとした人々を嘲笑したいわけではありません。

母娘の心中事件について言えば、母親は冷静・客観的に考えたうえで掛け持ちをしなかったわけではないはずです。明日の食べるものもないのに、「掛け持ちしちゃいけないからなぁ。仕方ないなぁ……」と冷静に考えた結果の行動とはとても思えません。冷静な判断ができなくなるほど追い込まれてしまった。その意味では、彼女はやはり社会のルールの被害者であると感じます。

しかし、社会のルールを急に変えることはできません。そして、ルールが変わったからといって、私たち「全員」が守られる保証はやはりないのです。

私たちがこの事件から学べるとしたらそれは、**生きていくためには「したたか」にならなければいけない**ということではないでしょうか。

社会を生き抜く強い人間にならなければいけない、と考えると非常に難易度が高く感じます。そのためには、自分を磨き、経験を積み、知識をつけ、他者を圧倒できるような実力を身につけなければいけないからです。

でも、カイジを思い出してみてください。カイジは自分を磨いてきたでしょうか？経験や知識があったでしょうか？　そうではありませんね。

もしかしたら、私たちがこの社会を生き抜いていくために必要なものは、じつは、そこまで大げさな力ではないのかもしれません。

必要なのは「すべての障害を乗り越えて、はねのけて、突破する力強さ」ではなく、**すぐそばにある〝横道〟〝抜け穴〟の存在に気づき、それを認めることです。**

仕事がないと悩み、嘆く人は数多くいます。仕事が嫌で嫌で仕方がないのに、転職先がなさそう、次に仕事が見つからなさそうと言って、今の仕事を続けている人がどれだけいるでしょうか？

いくら不景気だと言われていても、アルバイト情報誌には常に求人案件が載っています。働き口はあるのです。多くの人が「就職先がない」と嘆いているのは、実際に働ける場所がないということではなく、「自分がやりたい仕事ができない」ということです。

「アルバイトなんかできない」「正社員じゃないとダメでしょう」と多くの人は言います。なるほど、では逆にうかがいます。なぜそう言えるのでしょうか？

もしかしたら、残業代が出ないブラック企業で正社員として固定給で働くより、時給で働くほうが収入は多いかもしれません。正社員だからといって、強いプレッシャーを与えられて精神を病んでしまうのであれば、決められた時間の中で、決められた業務だけをこなす働き方があっている人もいるでしょう。

結局、私たちの周りにはいろいろな選択肢があります。その選択肢を切り捨て、狭めているのは、私たち自身の考え方だということを知らなければいけません。そしてその考え方を変えるために必要なのは、いわゆる教養ではありません。**足りないのは、「したたかさ」なのです。**

勝つ人は、必ず「したたかさ」を持っている

この世の中を生き延びるためには、「したたか」でなければいけない。

ここ数年、私はそう感じるようになりました。日本には、まじめで几帳面、相手の心に気を配るというすばらしい文化があります。ですが、一方でそれだけでは生き残っていけないのも事実です。

しかし「おまえは、もっと〝したたか〟にならないといけない」。このようにアドバイスを受けて、すぐに受け入れられる人は多くないとも感じています。というのは、「したたか」という言葉が悪いイメージで使われているからです。

「したたか」と聞くと、ずる賢い、堂々と勝負をせずに打算的だ、というイメージを持つ人が多いと思います。「あなたは、したたかですね」と言われたとき、褒め言葉として受け取る人はあまりいないでしょう。むしろ「腹黒い人間ですね」という意味

に捉え、不快に感じると思います。

しかしそれは、「したたか」の本来の意味を誤解しているからです。

「したたか」はどんな漢字を書くかご存じでしょうか？　「したたか」は「強か」と書きます。そして、「したたか」を辞書で引くと、

1. 粘り強くて、他からの圧力になかなか屈しないさま。しぶといさま。「世の中を―に生きる」「―な相手」
2. 強く、しっかりしているさま。「―な後見役」「―な造りの家」
3. 強く勇猛であるさま。

（出典：デジタル大辞泉）


と出てきます。

「したたか」という言葉には私たちが何となく持ってしまっている「ずる賢い」「腹黒い」という意味はなく、本来は「相手に屈しない」「しっかりしている」「強い」という意味を持つ言葉なのです。

つまり、「したたかに生きる」とは、「強く生きる」ということ。自分が掲げた目標、自分がやりたいことに対して、貪欲に進み、他人から反対されたとしても、妨害

されたとしても、**粘り強く目標を達成していくのが「したたかに生きる」**ということなのです。

「したたか」とは逆に、良い言葉として誤解されている言葉があります。「ナイーブ」という言葉です。

「私、ナイーブだから」と口にする人がいますが、「純粋だ」というイメージで言っているのであれば、それはナイーブの本来の意味ではありません。

ナイーブとは、「飾りけがなく、素直であるさま」であり、「傷つきやすいさま。単純で未熟なさま」（デジタル大辞泉）を指します。

さらに「生まれたままの」という意味もあり、それが「純粋無垢」という意味に転じたのでしょう。ですが、本質的には「生まれたままの弱い状態」「周囲から影響を受けやすい」状態を指す言葉なのです。

モノを指して「ナイーブ」といえば、傷つきやすく、壊れやすいという意味になります。ちょっとぶつかっただけで壊れてしまうモノはナイーブというわけです。

ただ、人間は壊れやすいわけではありません。ヒトを指して「ナイーブ」という場合は「他人の言葉に影響されやすい、鵜呑みにしやすい、すぐ騙されてしまう」という意味になるのです。

特に英語ではいい意味で使われることはほとんどなく、「あなたはナイーブだね」と言われたら、「あなたは、世間知らずで騙されやすいバカだね」といった意味合いになります。

つまり、日本人が、自分のナイーブさを自慢するのはとてもおかしな状態というわけです。私たちは、他人からの影響に対して、もっと強く、もっとしたたかにならなければいけません。

カイジが持つ「したたかさ」

先述の通り「したたか」は、「強か」と書きます。しかしその「強さ」は強行突破で、力にものを言わせる強さとは違います。目の前に障害が立ちはだかり、それを正面突破する力がなかったとしても、どこかに抜け道を探し、あらゆる手段を使って、障害を乗り越える、**すり抜ける強さ**です。

正面突破する力が鉄の強さなら、したたかさとは、**相手に合わせて形を変えつつ流れを止めない水のような力**でしょう。

カイジが立ち向かう帝愛グループ[※注3]は、〝鉄〟の強さです。金の力と権力にものを言わせ、相手を強引にねじ伏せていきます。一方のカイジにはその〝鉄〟の要素はあり

小物だっ……！

奴はただイライラしてるだけの小物っ……！

ハハハッ……！

そうだな…少し怒りっぽいところはあるかなぁ
そう…あの子はスーパーマンじゃない
…どころかパッと見たら凡人も凡人……！

腕力だけをとったってカイジくんより上はゴマンといる…！

でも……なんというかカイジくんは
逆境に強いっていうかさ……

諦《あきら》めない……のよ……！

たとえそれがどんなに絶望的な状況でも……！

……

ケッ……！

ブレイブ・メン・ロードに挑み命を落とした石田さんは、カイジの強さの本質を「どんな絶望的な状況でも諦めないこと」だと言った。

ません。正面衝突すれば、確実にカイジが負けるでしょう。

でも最終的にカイジは勝ちます。したたかさを持っているからです。どんなに相手に力があっても、ほんの小さなほころびを見つけて、そこを突きます。あらゆる手段を使って、自分の勝利に向かっていきます。

カイジが強いのは、決して頭がいいからではありません。ましてや腕力が強いからでもありません。水がいろいろなものの隙間を通り抜けるように、障害を乗り越えていく力があるからです。

帝愛グループに出会う前のカイジは、とても弱々しい人間でした。日々の鬱憤を賭け事で晴らし、高級車にイタズラをしながら「いつかはオレも大物になって見せる」とたわごとをはく。そして、「未来は僕らの手の中」という〝夢〟を部屋の中に貼り、「自分はまだ途中にいるだけ」と考えて生きていました。

しかし、命がけの勝負に直面したとき、カイジはしたたかになりました。

カイジの最初の命がけのギャンブルの舞台となったエスポワール号[※注4]で、船井という男に騙され、絶体絶命のピンチに陥ったあとの場面で、カイジの強烈なしたたかさをみることができます。自分を陥れた古畑を仲間に入れ、反撃に出るわけです。

カイジは古畑の借金の保証人になったため、多額の借金を負うことになりました。

古畑がカイジを裏切らなかったら、カイジはそんな命がけのギャンブルをせずに済んだのです。本来であれば、自分を裏切った相手と協力して戦うのは、強い抵抗感があります。同じ状況に置かれたら、「お前の顔は二度と見たくない」と啖呵を切って、とにかく拒絶する人も多いと思います。

しかしカイジは違いました。

カイジは、古畑を仲間に入れ、彼らを引っ張っていきました。本心を言えば古畑のことは好きではなかったでしょう。でも、勝つために「したたか」になったのです。**そして、その「したたかさ」こそが、何としてでも勝つ、という強い覚悟の表れなのです。**

したたかに生きるとは、ズルをするとか、相手を騙すということでは決してありません。非倫理的に自分の取り分を増やすということでもありません。相手がどんな手段を使ってこようが、自分がどんな状況に置かれようが「相手に屈せずに、強い」のです。

私たちのうち、どれくらいの人がカイジのような「したたかさ」を持っているでしょうか？　現実社会に重ねて考えてみてください。

みなさんを裏切った友人がいます。次に直面した大きな勝負、もしくは大きなチャンスの場で、カイジがしたように、その友人を仲間にできますか？　冷静に考えたら、勝負に勝つためにはその友人の力、存在が必要です。頭ではそれを理解していま

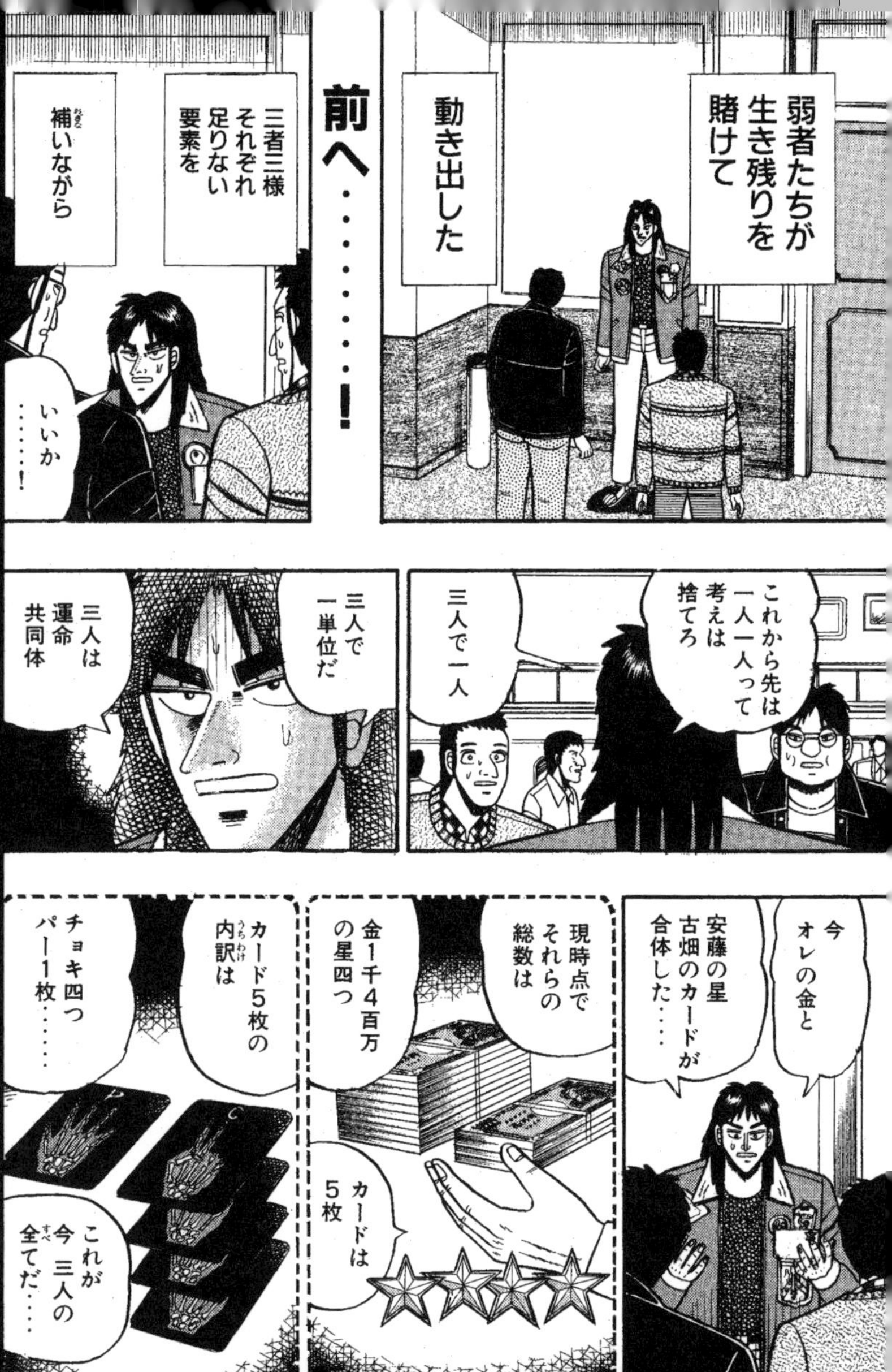
弱者たちが生き残りを賭けて
動き出した
前へ……………!
三者三様それぞれ足りない要素を
補《おぎな》いながら
いいか……!
これから先は一人一人って考えは捨てろ
三人で一人
三人で一単位だ
三人は運命共同体
今オレの金と
安藤の星古畑のカードが合体した……
現時点でそれらの総数は
金1千4百万の星四つ
カードは5枚
カード5枚の内訳《うちわけ》は
チョキ四つパー1枚……
これが今三人の全《すべ》てだ……

借金を残して姿を消した古畑とギャンブル船「エスポワール号」で再会したカイジ。怒りの感情に流されること
なく仲間になることを選んだ。生き残るためには昨日の敵を今日の友とする「したたかさ」も必要だ。

す。だとしても、仲間にするのはなかなか難しいのではないでしょうか？

人によっては「自分を裏切った人間を仲間に引き入れるなんて、プライドがないのか？」と考えるかもしれません。でも、自分のプライドを守って、勝負に負けるのと、したたかに勝つのとでは、どちらが賢い選択なのでしょうか？


地下の強制労働施設[※注5]で、班長の大槻[※注6]とチンチロ[※注7]で勝負したときも、カイジは「したたか」でした。班長たちから、どれだけ嫌がらせを受けても、危険な目にあっても、感情的に反応することなく耐えたのです。カイジは勝つために〝無反応〟を貫いたのでした。

ここで重要なのはカイジが〝我慢〟したのではない、ということです。カイジは我慢して班長の悪行に耐えたのではなく、そのあとのチンチロ勝負に勝つために「したたか」に無視をしたのです。したたかさとは、**「粘り強くて、他からの圧力になかなか屈しない強さ」**だったことを思い出してください。

班長たちの目には、「これだけバカにされても、何もやり返してこない弱い男」に映ったかもしれません。でも、重要なのは、表面的に強くなることではありません。

大事なのは、自分の目的を達成することです。そして、そのためにできるあらゆることを実行し、水面下になりをひそめながら、ここぞという場面で一気に勝負を仕掛けるのです。

私たちに何かが足りないとするならば、自分の目標のために、勝ちへの道筋をつくり、あらゆる手段を使って勝ちに固執する。そういう姿勢と、そのための覚悟が圧倒的に足りないのです。

もちろん、現実社会とカイジの世界では、選べる「手段」に違いがあり、勝ちさえすれば何をやってもいいというわけではありません。ですが、「したたかさ」を持てないばかりに、悩み、苦しんでいる人が多いのです。

※注3：カイジが戦う大企業。金融やカジノなどさまざまな業界に手を伸ばしているようだが実態は謎。社員の多くは黒服にサングラスといういかにも怪しい出で立ちである。「カネが全て」の兵藤会長（80ページ注13参照）を筆頭にした完全なピラミッド経営で、会長の気分を損ねることは死を意味する。文字通り「命懸け」の出世競争が繰り広げられている。

※注4：豪華客船エスポワール号。「一晩限りのギャンブルに勝てば、借金は帳消し」という謳い文句で借金まみれの参加者を集め、ギャンブルをさせる。参加者のうち半数は生き残るが、半数は地下の強制労働施設に送られ、借金返済まで働かされる。借金回収率アップのために帝愛グループが考え出した巧みなシステムである。

※注5：兵藤会長が構想する絶対安全の「地下帝国」。その建設の労働力として借金苦に陥った人々が集められる場所である。低賃金で重労働。逃げる気力さえなくす巧みなシステムが張り巡らされてお

り、生きてここから出られるものはいないと言われている。
※注6：地下の強制労働施設ではいくつかの班に分かれて団体行動をさせられる。その班の責任者は「班長」と呼ばれ、食事、娯楽などで優遇される面も多い。大槻は、自分に歯向かうものには食事を与えない、休憩をとらせないなど陰湿ないじめを行い、ギャンブルで仲間からさらに金をまきあげる卑劣な人間だった。
※注7：地下の強制労働施設で行われていたギャンブルの一種。2つのサイコロの出目を予想するゲームである。班長の大槻はサイコロに細工をしていたが、それをカイジに見破られ、持ち金を全部奪われてしまう。

〝いい人〟をやめると強くなれる

私たちは、とかく〝いい人〟でいようとしてしまいます。

しかし、自分の現状を打開したい、風穴を開けたいと思うなら、これまで持っていた「いい人でありたい」「他人から〝正統派〟として称賛されたい」と願う気持ちを捨てなければいけないのかもしれません。

特に、小さいころから〝いい子〟になるように教育を受けてきた人は、万人に受け入れられるような行動を目指してしまいます。その結果、超ど級にマジメで、融通の利かない人間になってしまい、世の中から見られている〝正解〟以外は選ぶことができなくなってしまいます。

しかし世の中は〝いい人〟のままで勝てる勝負ばかりではありません。きれいごとで済むことばかりではないのです。

考えてみてください。これまで大きな野望を実現してきた人は、きれいごとや正面勝負だけで進んできたのでしょうか？

織田信長は、10倍もの兵力がある今川義元に勝ちました。その手段は正面突破ではなく、雨の中の「奇襲作戦」で、でした。

坂本龍馬は、犬猿の仲だった薩摩藩と長州藩に同盟を結ばせました。龍馬は、政治的に対立していた両者を、そのまま正面から政治的に仲直りさせるのではなく、経済的なメリットを強調して手を結ばせました。

彼らが目的を成し遂げるために〝正攻法〟しか使わなかったと考えているのなら、それは大きな誤解です。彼らのような偉大な人物でさえ、もしかしたら偉大な人物だからこそ、なりふり構わず突き進んだのではないでしょうか？

そうしなければ、勝つことはできない。そうしなければ、ゴールにはたどり着けないのです。

エスポワール号で、限定ジャンケン※注8に敗れ、別室に連れていかれるときにさえ「へラヘラ」と笑ってしまう人々を見て、カイジはこう言っています。

「まるでパーティーの余興かなんかのゲームに負けたって感じじゃねえか……」

ジタバタするのがカッコ悪いとか、負けを受け止めるのが恥ずかしいとか、そんなことを考えている場合ではありません。周りからどう思われようと、最後の最後まで、取りうる手段を取り、前進していかなければならないのです。


そもそも、どんなことであっても、目立てば反対派が出てきて、やり方や理念、活動の質をバッシングしてきます。

バッシングの多くは、妬みが原因のことが多いですが、いずれにしても、目立てば必ずバッシングされます。慣れていない人にとって、バッシングされることは、非常に苦痛です。そして、バッシングされるような行動をやめてしまいます。たとえそれが、まったく恥じる必要のないことでも、です。

私の友人で、本を出版したことに対してバッシングされた人がいました。彼女が本を出したとき、ネット書店のアマゾンにたくさんの批判コメントが投稿されました。

「こんな本、読む価値ない」

「お前みたいなやつが本を出すなんて、出版業界も終わりだな」

「印税で、みんなに奢れ」

などなど、心無いコメントがたくさん書き込まれたのです。

また、山奥の田舎町に引っ越し、自給自足で生きていくことを決めた女性がそれをSNSで公表すると、赤の他人が「女ひとりで無理に決まってる」「農業をなめるな」などとバッシングを始めたということもありました。

他人が本を出版しようが何しようが、その人たちには関係ないはずです。自分の悪口が書いてあるなら抗議する資格があるのかもしれませんが、そんな内容の本ではありません。

見ず知らずの女性がどんな生活をしようが、自分が何かの影響を受けるはずはありません。それなのに、わざわざ時間とエネルギーを使って、バッシングするわけです。

結局のところ、誰からも非難されず、誰からも反対されない〝いい人〟でいるためには「何もしない」以外に道はないのです。しかし、何もやらなければ当然、誰にも認めてもらえません。誰からも認められず、誰からも注目されず、かつての友人からも存在を忘れられていくかもしれません。そんなことがみなさんの望みなのでしょうか?

この世の中では〝いい人〟をやめようと腹をくくれなければ、自分の目標を達成することはできません。

悪いことをしなければ生きていけない、ということではありません。たとえ、人の妬みを買ってもやりきらなければいけない。そのために〝いい人〟と思われなくてもいい、と覚悟を決めなければいけないということです。

※注8:エスポワール号の中で行われていたギャンブルの一種。「グー」「チョキ」「パー」の描かれた12枚のカードを使って戦う。基本のルールは普通のジャンケンと同じ。参加者同士が戦う相手を自ら選び、カードを出してジャンケンをする。勝てばその証に「星」をもらい受け、制限時間内にカードを使い切り、星が3つ以上であれば生き残れる。

生き残るための本当の強さとは

老子の言葉に、こういう一節があります。

人の生《い》くるや柔弱《じゅうじゃく》、其《そ》の死するや堅強《けんきょう》。万物草木《ばんぶつそうもく》の生くるや柔脆《じゅうぜい》、其の死するや枯槁《ここう》。故に、堅強なる者《もの》は死の徒《と》、柔弱《じゅうじゃく》なる者は生の徒。是《ここ》を以て、兵《へい》強からば則《すなわ》ち勝たず、木強からば則ち共《きょう》さる。強大は下《しも》に処《お》り、柔弱は上《かみ》に処《お》る。

（現代語訳）

人は生きている時は柔らかくてしなやかであるが、死んだ時は堅くてこわばっている。草や木など一切のものは生きている時は柔らかくてみずみずしいが、死んだ時は枯れて堅くなる。だから、堅くてこわばっているものは死のなかま、柔らかくてしな

やかなものは生のなかま。そういうわけで、武器は堅ければ相手に勝てず、木は堅ければ伐《き》られて使われる。強《つよ》くて大きなものは下位になり、柔らかくてしなやかなものは上位になる。

（出典：『老子』蜂屋邦夫訳注、岩波書店）

世の中を生き抜くために「力」を身につけようとする人は多くいます。身につけるというより、武装する、というイメージかもしれません。そしてそれは、弱点を消し「堅」になることかもしれません。

これからは英語が必要だ！ と言われれば、英語の猛勉強をします。これからはリーダーシップだ！ と言われれば、必死にリーダーシップを学び、リーダーになれるように努力します。精神面も含め、あらゆる弱点を克服し、あらゆる面で他人より強くなろうとします。

ある程度、力を身につけることは必要かもしれませんが、それだけでは生き抜くことはできません。それを教えてくれるのが、さきほど紹介した一節です。

ここでの強は「堅」という意味、そして弱は、「柔」という意味です。堅いものは、ある場面では丈夫で、負けないかもしれません。しかし、堅く、しなやかでないものは、想定外の出来事が起きたときに、もしくは外部から激しく力が加わったときに、対応できずポキッと折れてしまいます。

しかし一方、柔らかいものは環境に合わせて形を変えることができ、折れません。柔らかいものは、ふだん、堅いものに負けてしまいます。「堅いもの」が来ると、まるで負けたかのように、それに合わせて形を変えていきます。一見、堅いものに屈しているようにも思いますね。

しかし、そうではありません。柔らかいものは、折れません。**相手に合わせながらも、常に自分を維持しています。**じつは、老子がこの世で一番強いものと定義したのが「水」でした。水は、あらゆるものに合わせて形を変えます。それが結局、強いということです。

この世の中を生き延びるために必要なのは、知識で武装することではなく、社会が決めたルールから1ミリもはみ出さずに過ごすことでもありません。その場その場で柔軟に対応し、「したたか」に勝つことなのです。

「判断」するな！「覚悟」をしろ！

では、なぜカイジは「したたか」になることができ、私たちはなれないのでしょうか？　それは、私たちが「判断」をしているから、そして一方でカイジは「覚悟」をしているから、です。

以前参加した、ある有名な経営者の講演で、非常に衝撃を受けた言葉がありました。それは、

「経営者は、判断なんかしてはいけない。決断をしなきゃいけないいんだ」

という言葉でした。

「判断する」とは、その前提に〝正しい答え〟があるという意識があります。そして

同時に、その〝正しい答え〟を見出すだけの材料がなければ、「これでは判断できない」となります。ただ、こう考えていると、その〝材料〟がなければ、動けなくなります。

勝負に求められるのは、何が正しいかを判断することではなく、**何が正しいかはわからないけれど、とにかくそれを勝ち取ると決めて、前に進むこと**です。そして、その覚悟を持つことです。この覚悟こそが重要で、覚悟を決めるからこそ、「したたか」になれるのです。

「やり方」なんて知らなくていい

たとえば、「1か月以内に、1億円稼いでください」と言われたら「どうすればいいんですか?」「やり方を教えてください」という問いが返ってきそうです。そう答える人たちは、やり方を知らないからできない、と考えているのでしょう。

しかし、もし大切な人が誘拐されて、「1か月以内に、1億円用意しろ。さもなくば、殺す」と言われたらどうでしょうか? それでもなお「やり方がわかりませんけど?」と答えるのでしょうか? 自分の親、子ども、恋人、大切な友人がそういう目に合い、犯人からの電話で1億円を要求されたら、まず「わかった! 必ず用意する！」と即答するのではないでしょうか？

私の知人には、重い心臓病を患った幼いわが子を救うために、手術費の数億円をたった2か月で集めた方がいます。わが子の命を救うためには、この移植手術を受けるしかない、そしてそれには数億円のお金がかかりました。その事実を前にしたとき、この子の両親が「そんなこと無理～　だって、やり方知らないもん」と、一瞬でも考えたでしょうか？

やり方を知っているかどうかなんて関係がありません。自分がとった行動が、正しいかどうかなんて考えません。とにかく、1ミリでも前進するために、全部やる。そして何をしてでも、大切な人を救うとしか考えていないのではないでしょうか？

どんなに高いハードルだったとしても、躊躇なく挑む。それは、彼らに覚悟があるからです。そして、その覚悟があるからこそ、ありとあらゆる手を使って、いくつものハードルを乗り越えていけるのです。

1回や2回、10回や20回、100回うまくいかないことがあっても諦めません。〝常とう手段〟といわれるものがうまくいかなくても、別案を実行します。それができなくても、また別のやり方を探します。

自分の大切な人の命が危険にさらされているのに、人目を気にする人もいませんし、「こんなことしたら、誰かにバッシングされるかも」と考える人もいません。誰に何を言われても、止めないのです。

ただただ大切な人を救うために、なりふり構わず進む。これが「したたか」な状態です。他人に影響されない、外部からの圧力に屈しない、強く目標に向かって前進する「したたかさ」です。

そしてこの「したたかさ」が備わるのは、**明確な目的と、それを勝ち取る覚悟が決まっているから**です。

人は、覚悟が決まったとき、「失敗」を恐れる気持ちがなくなります。そもそも「失敗するかも」という発想がなくなり、もはや前しか見えなくなります。

結局のところ、この覚悟なのです。覚悟があれば、私たちは「したたか」になることができ、覚悟があれば、ありとあらゆる可能性を自分で探り、それを実行することができます。

足りないのは、能力や知識、ましてや教養ではありません。覚悟なのです。

手段への執着を捨てる

覚悟さえすれば、正攻法以外の道も見えてきます。一般的な〝しきたり〟や〝ルー

ル〞に反することも含めて、さまざまな道が見えてくるのです。

社会のルールを守ることは大切です。しかし、ルールはあくまでも、私たちの暮らしをサポートするものであって、私たちを支配するものではありません。

私たちが考えなければいけないのは、「自分は何をしなければいけないのか」です。自分がやるべきことを達成できないのであれば、ルールもしきたりも無駄なものです。

ルールを守ることは社会と組織の中で生きる私たちにとって大切なことです。しかし、パートの掛け持ちをしてはいけないというルールを守ることと、自分の娘を守ることとでは、一体どちらがあの母親にとって重要だったのでしょうか？　当然、「娘を守ること」です。

このように問われれば、誰もがわかることです。ですが、このように問われないとわからなくなってしまう人が多いのも現実です。

一方で、カイジは違いました。

カイジが利根川とEカード[※注9]の勝負をしたとき、カイジがトイレでしたことを思い出してください。カイジはあのとき、自分の鼓膜を賭けてギャンブルをしていました。そしてそのために、耳に機械をつけられていました。ギャンブルが〝正しく〟行われるように、この機械は取り外せないようになっていました。違法で非人道的なギャンブルとはいえ、その機械を外してしまったら勝負にならないからです。

ですがカイジは、この機械を取り外します。自分の耳ごと。一度外しても、またすぐにつけられてしまうのですが、とにかく一度、外します。

〝ルール〟に従うのであれば、この機械を取り外してはいけません（ここでは鼓膜を賭けるというギャンブルの圧倒的非道さについては、置いておきます）。しかしカイジはそれを承知で外しました。勝つために、です。「勝つ」という目標を何としてでもつかむために、〝ルール違反〟とわかったうえで外したのです。

カイジがギャンブルをしているとき、彼の頭の中では常に目標がはっきりしています。単に「このギャンブルに勝って、生き延びる」だけではありません。

エスポワール号では、「仲間3人で生き残ること」が目標でした。

Eカードで利根川に挑んだときには、「死んでいった仲間との約束を守ること」が目標でした。

地下で班長大槻に挑んだときは、勝つだけでなく、「大槻が貯め込んだ全財産を奪い返す」という目標を定めています。

そしてその目標が達成されるように、取り得る行動・作戦をしたたかに積み重ねています。それが結果的に勝利を引き寄せるのです。**「ほかを捨ててでも、その一点を達成する」**という覚悟を持ち、あらゆる障害の穴を見つけ、通り抜けていきます。

その目標とする「一点」が明らかになっていなければ、それに執着することができません。多くの人は執着すべき一点が明確でないばかりに何も達成できずにいるのです。さらにはそのために**「目的」ではなく、「手段」のほうに執着してしまう**という間違いも犯しています。

※注9：「皇帝」（1枚）「市民」（8枚）「奴隷」（1枚）の合計10枚のカードを使って戦うゲーム。皇帝のカードは市民のカードより強く、市民のカードは奴隷のカードより強い。そして、奴隷のカードは、皇帝のカードに勝つ。相手の顔色を読む「心理戦」の意味合いが強いゲームである。カイジはこのゲームで利根川を打ち敗り、カイジに敗れた責任を取らされた利根川は失脚する。

打つ手は無限にある

仕事や家庭などで、何かうまくいかないことがあって落ち込んだとき、人に相談したり、本を開いたりすると「視野が狭い」とか「視野を広く持て」というアドバイスにぶつかったことがあるかもしれません。ですが「視野を広く持て」と言われたところで、どうすれば広く持てるのかがわからない。そう感じた人もまた多いでしょう。

「視野を広く持つ」というのはつまり、**ひとつの手段に固執しないこと**です。どれだけたくさんの選択肢を持てるかということです。そのためには、ためしにいま持っている手段を捨ててみることです。いま考えている手段が使えなかったら、どうしようか？　と考えてはじめて代替案が出てくるからです。

私たちは、自分が一度気に入った手段をなかなか手放せません。かつてうまくいった方法、苦労して努力して手に入れた手段などなど……。ですが、「自分にはもうこれしかない」というのはたいていてい思い込みです。ほとんどの場合、他の手段、他の選択肢があります。それを考えようとしないだけです。「もうこれしかない」と思ったら、いま考えている選択肢を捨てて考えることが必要です。

「勝率」を計算しているうちにチャンスは逃げていく

仕事で「こんなこと、できますか？」と聞かれたり、社内で「この案件に、君が挑戦してみるか？」と問われたとき、みなさんは何と答えているでしょうか？

「ちょっと状況を確認してから、検討させていただきます」

「今度また別の機会があるときに……」

そんな返答をしていないでしょうか？

こんな返事をしてしまうと、みなさんはそこでチャンスを失います。

相手が望んでいることを実現できるかどうかなんて、わからない、自信がないと感じているのかもしれません。でも、そんなこと誰だって同じです。「100％できるかどうかわからないから」というのは、「私には未来がわからないから」と言っているのと同じです。そんなの当たり前で、単に逃げているだけです。

要は、自分に「覚悟」があるかどうかです。

できるかどうかなんて、誰にもわかりません。むしろ、世の中では「100％できること」を求められる場面などほとんどないと言っていいでしょう。だから、**求められていることを何としてでも実現してみせる、という「覚悟」**がなければいけないのです。

100点満点を求められてきた〝優等生〟は、100点を取らなければいけないと考えてしまい、100点が取れなさそうな勝負を避けてしまいます。学校のテストでは、試験の内容（出題される範囲）、テストの日程が決まっているので、100点満点を目指して準備することができます。でも、実社会ではそんな準備をさせてくれません。

「まだ準備ができていない」のが、当たり前なんです。

中島みゆきさんの「ファイト！」という歌にこんな歌詞があります。

「勝つか負けるかそれはわからない
それでもとにかく闘いの
出場通知を抱きしめて
あいつは海になりました」

まさにこの覚悟です。勝つか負けるかわからない勝負に、覚悟を持って挑む。そうしなければ突破口なんて開けません。

利根川は「勝たなきゃゴミ」と言う言葉を残していますが、その言葉は、「それぐらいの強い気持ちで勝負しろ」という意味だと思います。

１００％できる確信がないのに、「やります」と言うのは勇気が必要です。「できる」と言っておいて、できなかったらどうしようと考えます。しかし、それも「当たり前」なのです。

みんな同じように不安です。

カイジが「やるしかない」というとき、いつも100％の勝算があるわけではありませんでした。エスポワール号で別室に堕ちたときも、ブレイブ・メン・ロード[※注10]を渡る決意をしたときも、17歩[※注11]で1億6000万円賭けたときも、カイジは、自分の中の不安と戦っていました。それでも覚悟を決めて勝負に挑みました。

私たちの日常生活でカイジほどのギャンブルをすることはないでしょう。それであればなおさら勝負するべきです。仮に失敗したからと言って、何億の借金を負ったり、地下で数十年の強制労働をさせられるわけではありません。

勝つための道筋が見えていなくても構わないのです。覚悟を決めて「やります」と答え、そのあとに帳尻を合わせていけばいい。それがしたたかさです。

「よくて勝率5割」と言われてもカイジは喜々として勝負に挑みます。「勝てるかどうか、わからないから……」としり込みするカイジを、みなさんは想像できるでしょうか？

※注10：エスポワール号から生還したものの、600万円もの借金を背負ったカイジが挑戦したレー

ス。高層ホテルに渡された鉄骨を命綱なしで渡りきれば大金が手に入るというルールだが、その実態はパーティーに参加した富豪が金を賭けて観覧するいわゆる「人間競馬」である。

※注11：別名「地雷ゲーム」。基本ルールは麻雀と同じだが、通常の麻雀とは違って、手牌は開始時に完成させてしまい、後は相手のロン牌を避けてひたすら牌を捨てていくゲーム。カイジはこのゲームで裏カジノ店のオーナーである村岡と戦い、大金を手に入れる。この裏カジノには地下の強制労働施設で仲間になった通称45組（137ページ注14参照）の三好と前田が働いており、村岡の横暴に苦しめられていた。

覚悟を積み重ねることで、カイジは強くなってきた

人生には、ある程度の「正解」があると考えている人は多いかもしれません。いい大学に入り、いい会社に勤めて、30歳で結婚、40歳で家を買い、子どもは3人の5人家族。三丁目の夕日を思わせるような、そんなイメージが「いい人生」のお手本として考えられていた時代もありました。

今も、結婚・子育ての状況は変わりつつも、「いい大学を出て、いい会社に勤めれば」という部分は変わらず残っています。若い人たちの意識は変わりつつあるとはいえ、就職企業ランキングを見ると、30年前とまったく変わらず「大企業志向」です。いろいろな考え方が出てきたとは言え、大多数の考え方は変わっていない、というのが私の見方です。

つまり、多くの人がまだレールがあると信じている。そしてそのレールに乗ることに必死になり、その後はそのレールが導いてくれる世界に〝スムーズ〟に行こうとしているのです。

その生き方を否定はしません。レールに乗ろうとするのもひとつの生き方です。しかし、レールに乗っている限りは、〝当たり前〟のことしか経験せず、〝当たり前〟の努力しかできなくなります。何か想定外のことが起きたり、前例がない、どうしていいかわからないようなことに直面することがほとんどありません。

レールの上で行われるのは、そのレールから外れていないかどうかという〝判断〟です。失敗するかもしれないけれど、自分で選んだ道をゆく決断をして、覚悟をする機会がほとんどありません。このレールの上の生活に慣れすぎると、**決まりきった選択肢しか取れない人間になってしまいます。**

かつて、とてもお世話になった方がこんなことを言っていました。「新入社員なんて、もらった給料を3日くらいで使い切ったほうがいいんだよ」

当時は、とても乱暴な表現に聞こえましたが、しばらくたってから、彼の真意がわかりました。もらった給料を3日で使い切ってしまったら、当然そのあとは誰かからお金を借りて生活しなければいけません。借りたお金は返すことが前提なので、そのお金を返すべく、必死に働きます。彼が勤めていた会社は、月間の営業ノルマを達成すると、給料とは別にインセンティブ（少額の臨時ボーナス）が支給される制度だったので、必死に働いてノルマを達成すれば給料以上を稼ぐことができます。

ただ、彼が意図していたのは、このインセンティブを目当てに働け、ということではありません。「このままではやばい！」という状態で、必死になって働くことが、やがて自分の力を引き上げていくということだったのです。

望みに賭ける覚悟を持て

リスクを避けるために、〝安全な道〟で〝安全なやり方〟をしていても、何も生まれません。その先にあるのは、退屈で守りに入った、**周囲にどんどん追い抜かされていく人生**です。

シナリオ通りの生活では、シナリオ通りの成長しか描けません。それこそ「30歳で結婚するだけの力、40歳で家を買う力」は備わるかもしれませんが、それ以上の力を身につけることは難しいでしょう。

もちろん、ほぼ1か月を貯金ゼロで過ごすのはとても苦しいです。しかし、目の前は苦しくても、中長期的に考えたら、レールに乗っているより、自分を追い込んで奮起させる時期があったほうがいい。

若手芸人さんの間でも、同じようなジンクスがあると聞きました。少し売れ始めたときに、思い切って「身分不相応」の高額マンションに引っ越して、自分を追い込むという話です。自分を追い込み、実力をつけ、そのあと生き残るという作戦ですね。芸能界は、非常に浮き沈みが激しい業界なので、この作戦が必ずしもうまくいくとは限らないようですが、考え方としては同じです。

より重要なのはここからです。このように意図的に自分を追い込んでいるときだけでなく、**予期せず追い込まれたとき**も同じ考え方をして、自分の馬力を引き上げるときと捉えるべきです。

困難に直面したら、〝安全〟な道に逃げるより、望みに賭けるのが気持ちのいい人生ってもんです。たとえ、地の底に沈もうとも……！

判断するのはたやすいことです。それこそ「論理的」に考えれば、誰でも判断はできます。しかし覚悟を決めるのは容易ではありません。最初は内臓がヒリヒリするほどの緊張を味わうことになるでしょう。

ですがこれは、筋肉を鍛えるのと同じです。**最初は到底できなかった覚悟でも、回数を重ねるごとに、それができるようになります。**

カイジは、困難に直面し、覚悟をするたびに強くなっていきました。

高さ10メートルほどのブレイブ・メン・ロードを渡るのに躊躇していたカイジは、その直後にビルの屋上で同じ鉄骨を渡る勝負をします。しかし今度は、何の迷いもありません。

「これしかない」「やるしかない」と覚悟し、前進していきます。カイジを成長させたのは、この覚悟です。自分を追い込んで、覚悟を決めるからこそ、強くなっていけるのです。

望みに進むのが
気持ちのいい人生ってもんだろっ……………！
仮に……
……
地……

カイジは勝負から逃げる遠藤に「望みに賭けろ！」とたたみかけた。カイジがチャンスをつかめるのは安全よりも「可能性」を見ているからだ。

第２章

「正義」も「正解」も〝つくられる〟世の中

「正義の味方」はどこにいるのか

知人から聞いた話で、とても興味深いことがありました。

最近のヒーローものに「正義の味方」という言葉が出てこないという話でした。言われてみて、たしかにそうだなと思ったのです。

そして、よくよく考えてみると、「正義の味方」という表現自体がとても曖昧なものであることに気づかされました。

「ヒーロー」は、正義そのものではないのです。「正義」というものが別のどこかにあり、それの味方をしているのがヒーローだということになるのです。

「ヒーロー」は正義ではないというのは少しショックな事実でした。私と同じく、この事実に、これを読んではじめて気づいた人もいるのではないでしょうか。

それでは、ヒーローが味方をしている「正義」とはいったい何なのでしょうか。そして、それはどこにあるのでしょうか。

ここからは想像ですが、最近のヒーローものに「正義の味方」という言葉が使われなくなったのは、この問いの答えを誰も用意できないからなのかもしれません。

今の世の中は、あまりにも多くの価値観があふれています。何が正しくて何が間違っているのか。何が正義で何が悪なのか……。誰もが納得する、誰もが正しいと言える答えは世の中にはないのです。

正義というものに対する共通認識はもはやありません。極端なことを言えば、私たちは〝正義不在〟の世の中に生きているのです。しかし、だからこそ私たち一人ひとりが「自分の中」に正義をしっかり持つ必要があるのではないかと私は思いました。


アダム・スミスは「正しい人間」と「正しくない人間」を「賢人」と「軽薄な人」と表現しています。

そして「賢人」は「自分の中の裁判官」からの評価を重視する人であり、「軽薄な人」は自分がなく「社会からの評価」に右往左往する人だと説明しました。

正しい人間になるために、正しい判断をするために、唯一頼りになるのは、自分の中につくり上げた軸である。それがスミスの主張でした。

もしみなさんが「正しい人間でありたい」と望むなら、それを人任せにしてはいけないのです。**答えは自分の中にしかありません。**自分の中の軸に従うこと、つまり「自分の正義」を信じることです。

「偽善の壁」は、実在する

２０１５年初夏、ある本が書店に並びました。約20年前、世間を震撼させた殺人鬼「酒鬼薔薇聖斗」の手記が発売されたのです。

この本の出版をめぐって、遺族から出版社に対し、出版の中止と、市場からの回収を求める悲痛の叫びともいえる抗議・要求がありました。世間からも大きな非難が起こり、ある書店チェーンでは、「倫理に反する」という理由で、この本を店頭から撤去していました。

インターネット書店のアマゾンにも最低ランク（星１つ）の評価が無数に書き込ま

れました。この本や、この本を出した出版社を批判する人はたくさんいました。そして、同時にこの本を評価する声はほとんど聞こえてきませんでした。なかにはこの出版社の廃業を希望する声もありました。

　しかし、一方でこの本は、初版10万部が数日で売り切れるほどの話題を呼び、「ベストセラー」となりました。つまり、それだけの人が実際に買っていたわけです。

口では「最低最悪だ！　人間じゃない！」という強い口調で非難しつつ、実際に何万もの人が、お金を出して本を買っているという現実があったのです。

口では、「最悪！　恥を知れ！」と言いながら、この本を読んだ人がいたのです。

　ネット書店の評価で「文章が稚拙だ」「最後の章がわがまますぎる」「読むに耐えない」などと酷評している人も、結局は読んでいるわけです。「怖いもの見たさ」から読んだのかもしれません。しかし、その怖いもの見たさも興味の一部です。口では圧倒的に否定しながらも、結局は賛成派と同じ行動をとってしまったわけです。

　この出版物の売れ行きが伸び、ベストセラーになるにつれて、私は和也[※注12]が言った言葉が脳から離れなくなりました。

「格好つけてこんなショーと思わなかったとかなんとか宣《のたま》うわからず屋……（中略）が……だ！　大笑い……！　ショーが佳境に入ると……観てんだ！　奴ら……！　目を

和也が主催する「ショーレストラン」。客たちは残酷な拷問を鏡越しに鑑賞することができる。「見たくない」という振りをしながらショーを楽しむ客の「偽善」をあぶり出している。

爛々とさせて！」

和也がプロデュースする残酷な〝ジョー〟を前にして、目を伏せ憤る客たち。和也は彼らを〝偽善者〟と呼びます。このシーンでは目を背ける素振りをしながらも、本心ではその残酷な出来事を見たくて仕方がない人々が描かれているのです。

※注12：帝愛グループの会長、兵藤和尊（80ページ注13参照）の息子。周囲にちやほやされて育ったことからひねくれた性格をしている。父親と同じく、人間が苦しむ様子を見て愉しむところがあり「和也プロデュース」と称して命をかけたギャンブルを開催している。カイジのギャンブラーとしての才能に感心して大金を賭けた勝負を持ちかけ、カイジはそれに乗ったが……。

ブラック資本主義者の手口を暴け

資本主義の限界、資本主義の失敗など、資本主義経済の調子が悪くなったり、経済的な事件が起きたりすると、必ずと言っていいほど「人間の強欲さ」が取りざたされます。

そして、資本主義の問題は「強欲」である、とされ、「経済成長はなぜ必要なのか」「お金で幸せになれるのか」というテーマが議題としてあがります。

経済に「倫理」と「利益」があるとしたら、現代人に欠けているのは「倫理」だと考えられているわけです。

マルクスの『資本論』は、労働者が強欲な資本家に搾取され、人としてギリギリの生活を余儀なくされてしまう構造を明らかにしています。

ある程度の法律が整った現代では、マルクスの時代にまかり通っていたような強制長時間労働はありません。しかし、相手を騙し、相手から奪ってやろうと考える集団はいるのです。

長時間労働以外のやり方で、人々から搾取している現代のブラック資本主義者たちの「手口」を見てみましょう。

【手口（1）】契約で縛る　契約しないことで逃れる

日本の経済活動において、契約は絶対的なものです。その契約が、合法的なものであれば、当事者たちが別の意向を持っていたとしても、契約書に書いてある内容・文言が優先されるのが大原則です。逆に、契約書がなければ、どんなに事前の約束があっても、それは単なる口約束、飲み屋での雑談と変わりません。

しかし日本では契約の重要性を教えません。私が契約のこわさ、大切さに気づかされたのは、社会に出て実際に自分でビジネスをしているときでした。

当時私は、数千万円のビジネスをしていました。そしてお客さんからいただいたお金は、私たちのビジネスパートナーが一時的に預かり、それを私たちに振り込んでもらう約束でした。

パートナーを信頼しきっていたため、堅苦しい契約書を交わさなくても大丈夫だろうと考えていたのが甘かったのです。

お客さんからいただいたお金を、このビジネスパートナーがこちらに振り込んでくれないのです。パートナー当人は持ち逃げするつもりはないと言いますが、同時に一向にこちらにお金を振り込もうともしません。なぜなら「いつ振り込むかは、契約していないから」です。

まるでブレイブ・メン・ロードを渡る前の利根川のセリフのようです。カイジたちは、〝2000万円チケット〟をもらう約束でした。しかし、利根川は言います。「そのチケットの換金場所と日時まではまだ指定していない」と。「だから10年後、20年後でも約束違反にはならない」と。

利根川のヘリクツのように思えるかもしれませんが、現実にも起こり得ることです。契約書に書いてあることがすべて。契約書に書いていないことは、決まっていないのと同然なのです。

【手口（2）】逃れられない仕組みをつくる

カイジが借金のカタに収容された地下の強制労働施設では、ひと月の給料が910

出す……！
出すが……
今回 まだ その時と場所の指定まではしていない
そのことを
どうか諸君らも思い出していただきたい
え……？
つまり……
我々がその気になれば
金の受け渡しは
10年 20年後ということも
可能だろう ……… ということ……！

「契約」がなければ相手を縛れない。これが絶対のルールで利根川の語ることは、現実の世の中でも起きている。
合の悪いことは契約書に書かれていないことが多いので気をつけよう

0円でした（この金額は、正確には〝諸経費〟が引かれた後の手取り金額です）。日当350円です。しかし一方、地下帝国で売っているビールは5000ペリカ、日本円で500円です。ビール1本が日当以上なわけです。あきらかにぼったくりです。

しかしみんなこの超高額なビールを買います。なぜか？　その超高額なビールでもほしいと思うような仕組みを、帝愛グループがつくっているからです。班長の大槻が言ったように「ここには……この食以外他に快楽などない……ゆえにその誘惑は強烈……！　一度知ったらもう抗えない」のです。

冷静に考えたら、借金を抱えている中で、日当以上の値段のビールを何本も買うのは愚かな行為です。『カイジ』を読みながら、「ダメなやつだなぁ」と感じた人は多いのではないでしょうか。

しかしそれは、私たちが冷静に判断できるからです。もし私たちが同じ環境に置かれたら、その超高額ビールの誘惑に勝てると言えるでしょうか？

海外にバカンスに出かけるとします。行った先のビーチやリゾートでは、私たちにいろんなものを買わせようと、多くの誘惑があります。物価が安い東南アジアでさえ、ちょっとしたレストランに行くと日本以上の金額を取られます。でも、私たちは払います。なぜなら、「せっかくだから」「今だけだから」です。

たとえばそれが「年に1度の海外旅行」だとしたら、その状況の中でお金を使わないという選択肢が持ちづらくなります。今、そのときを楽しむためには、いくらぼったくりと感じても、私たちは払ってしまうのです。「年に1度だから」というのは、単なる言い訳で、要するに逃れられないだけです。

以前、スマホゲームでの過剰課金が社会的に問題になったことがありました。あれも冷静に考えればなぜそんなゲームなんかに多額のお金を払うのかと誰もが思うでしょう。でも、実際に払ってしまう。抜けられない仕組みをゲーム会社がつくり上げ、「もっと使え、もっと使え」と煽っているからです。

【手口(3)】情報弱者に夢を見させる

現代で最も悪徳なビジネスのひとつが、この「情報弱者に夢を見させて、高額な商品を買わせる」という形態だと感じています。

〝情報弱者〟とは、要するに〝何も知らない人〟という意味です。何も知らない人に「これを買えば、あなたの夢が叶う! 買わなければ、あなたの夢は一生叶わない!」と煽り、高額の商品やサービスを買わせます。

自分の夢を叶えたい「希望に満ちた若者」は、ローンを組んででも、それを買って

よく言うぜっ……！
なにが……「6万」……
「4万5000」だっ……！
勝手に蟻地獄《ありじごく》……
泥沼みたいな制度を作っておいて
「皆の衆には納得してもらってる」だ……？
バカ野郎っ……！
わかってんのか……！その前借り生活から抜けるには……
2ヵ月を無給で乗り切らなきゃならない……！
そんなこと……
一度飲み食いを覚えたらもう不可能……！
理不尽と思っても……
毎月月終わりの給料日には
たぶん受け取っちまう……！
受け取り続けるっ……！
その目減りした4万5000を……！
違うかっ……!?

班長の大槻が勧める「給料の前借り」。とんでもない「手数料」をとられるが、多くの者が目の前のお金ほしさに手を出し、さらに借金を返せなくなる。

しまう。結果的に、それが本当にその人のためになるのなら問題ありません。しかし、多くの場合は、主催企業がボロ儲けするだけで、希望に満ちた若者の夢は叶うどころか、どんどん泥沼にはまっていきます。

「この壺を買えば、幸せになれる」というフレーズは、もはやお笑いコントでも聞かなくなりました。ですが「うちの芸能プロダクションに登録したら、アイドルになれる。登録料は300万円ね」と言われて払ってしまう女の子は後を絶ちません。

さらには、「オレが大金持ちになる方法を教えてやる」という塾に、多額のコンサルティング料・講座受講料を払って参加する人たちは山ほどいます。

冷静に考えてみれば、何日か〝ノウハウ〟を学んだだけで、大金持ちになれるはずはありません。仮にそのノウハウが役立つものだったとしても、多くの受講生が同じことをやろうとしているのです。その中での競争も考えずに、自分だけ金脈を独占して掘りつづけられると思うのは浅はかというしかありません。

利根川が言うように、多くの〝エリート〟が、受験戦争、出世競争を勝ち抜き、毎日毎日コツコツ努力しつづけ、30代40代になってやっと貯められるのが1000万円や2000万円という金額なのです。

それを一瞬で、かつ継続的に稼ぎたいのだとしたら、それこそエリートたちが積み上げてきた以上の努力をひっくり返すほどのチャレンジをしなければいけません。

もちろん、「いい大学を出て、いい会社に勤めれば」というのは、既に終わった幻想です。しかし、何の努力もしてこなかった人よりも、努力をしつづけてきた人のほうが社会から評価され、経済的にも豊かになりやすいというのは、今も昔も変わっていません。

〝希望に満ちた若者〟を騙し、あたかも自分は万能の神であるように思わせ、かつ自分についてこなければどん底の人生になると感じさせることで暴利をむさぼっている人たちがいます。結局のところ、〝夢〟が叶っているのは、若者ではなく、そんな若者たちを集めた企業です。

帝愛グループと業態は違っても、同じようなことをしている輩はたくさんいます。

【手口（4）】カネの力にものを言わせる

資本主義では、「資本」が最高位に位置づけられています。少なくとも制度上は。

資本とは、要するにお金のことです。つまり、資本主義経済においては、お金を持っている人が最高位に位置づけられます。それは決して人間的に偉いということではなく、ましてや「お金を持っている人＝人間的に優れている人」ということでもありま

毎日
律儀《りちぎ》に
定時に
会社へ通い
残業をし
ひどい
スケジュール
の出張も
こなし……
時機が来れば
単身赴任……
夏休みは
数日……
そんな生活を
10年余《よ》
続けて
気が付けば
もう
若くない
30台半ば……
40……
そういう
年になって
やっと
蓄えられる
預金高が……
1千……
2千万という
金なんだ……
わかるか
……？

筆者もサラリーマンを10年間経験した。利根川の言うことは身にしみてわかる。普通は1000万円や2000万円というお金は一生の重さに等しい。

せん。「お金を持っている人が、決定権を持っている」ということです。

２００６年、ライブドア事件や村上ファンドの問題が起きたときに、「会社は誰のものか？」という問いかけが頻繁にされました。

会社は、社長のものだ
いや、その会社で働いている従業員のものだ
いやいや、お客様のものだ

さまざまな意見がありましたが、制度的には、「会社は、株主のもの」です。それは、従業員が奴隷のように、何でも株主の言うことを聞かなければいけない、ということではありません。「株主が決定権を持っている」、ということです。

それが資本主義です。

どれだけ優秀だろうが、どれだけ実績をあげてこようが、どれだけイケメンだろうが美人だろうが、関係ありません。株主が決定権を持っているので、ビジネス上の案件は、株主の決定に従わなければいけないのです。

ただし、それは「制度上」の話です。いくら株主に決定権があると言っても、従業員の生活を無視するような決定をするのは、モラル違反です。

そのモラル違反の決定も通してしまうのが、ブラック資本主義者のやり口です。

帝愛グループの兵藤会長[※注13]は、自分が気に入らない部下をどんどん切り捨てます。たとえそれが信頼を置いていた利根川であっても、1度負けただけで彼を「2流の指示待ち人間」と罵倒し、失脚させます。なんとも帝愛らしい、冷酷なやり方ですが、兵藤会長がこれをできるのは、利根川が「株」を持っていないからです。もし利根川が帝愛グループの株式をたくさん持っていたら、株主として反対できます。

資本主義の原理では、株主が絶対です。その立場を過度に利用するのがブラック資本主義者のやり口です。

※注13：帝愛グループのトップ。闇社会に大きな権力を持っている。「金がすべて」でお金以外は何も信用していない。有事のときに確実に生き延びられる「地下帝国」の建設が夢。

世の中には「ニセモノ」が生き残る仕組みがある

世の中には残念ながら〝ニセモノ〟があふれています。表面的には良いことばかり伝えながら、実際は全然質が良くない商品・サービスが山ほどあるのです。

契約前は、本当に〝いい人〟だったのに、契約書を交わしたとたん、別人になったように手のひらを返す人、契約前の広告ではいいことを並べながら、実際はそのほとんどがウソである企業……。

最近、外出先でインターネットを利用するために、モバイルルーターを契約しました。契約時に、〝電波が届く範囲〟を確認し、自分の活動エリアがすべてカバーされていたので契約したのですが、実際はその〝範囲内〟でも圏外になります。機器の故障かと思い問い合わせると「通信エリアは、あくまでも〝参考〟ですから」という一言で片づけられました。

提示されているエリアのどこでも確実に通信ができるとは私も思っていません。ただ、私が使っているのは東京の都心部（東京駅の隣、品川駅の中、渋谷駅の隣）です。多くの人が活動し、通信が必要な場所のはずです。そのエリアが圏外になるにもかかわらず、「エリアは、あくまでも参考」と言い張る企業に怒りを覚えました。

しかも、一度契約したら2年間は解約できません。企業からしたら「契約させたら、こっちのもの」なわけですね。

たしかに、契約書には、非常に小さい文字で「エリアは参考程度」と記載してあるので、嘘はついていないことになります。でも「これが正しいビジネスのやり方です」と胸を張って言える社員が、その通信会社の中にどれだけいるでしょうか？

仕事をしていても、悪質な業者に騙されて、泣いている人がいます。

悪質業者は、顧客に知識がないことをいいことに、うまく言いくるめ、商品を買わせています。契約するときは〝合意のうえ〟ですが、そもそもその合意した内容が実現されていません。

まさに、「情報弱者（何も知らない人）」をカモにするブラック資本主義者ともいえる輩です。

そんな〝ニセモノ〟を目にしたとき、「こんな企業はやがて消費者から見放される」

バカなっ……!
どんな手か知らんが
そんなものあるわけない
この男が今
こっちのおっさんをだまそうとしてるだけだ
見え見えじゃねえか……!
はたから見れば見え見えなのに
だまされかけてるおっさんはもう半ば
このヨタ話を信じかけてる……
オレはさっき
これほどおめでたい状態だったのか……
………
救えねえ……

どんなところにも人を騙そうとする者は必ずいる。それは裏を返せば「カモ」もまた必ずいるということ。「うまい話」はこの世にはない。自分がカモにされていないか冷静に考えよう。

と感じるでしょう。そして同時に、まじめにコツコツ、いい商品・サービスを提供していれば「いつか誰かが評価してくれる」と考えます。

ですが、現実は違います。消費者を騙しているような質の悪い商品を提供している企業が残りつづけています。食の安全を約束できていない飲食店が営業をしつづけ、粉飾決算レベルの不正会計をした企業が、何事もなかったかのようにビジネスを続けています。

「今はインターネットがあるから、悪評はすぐに広まる」と考えるかもしれませんが、実際に表に出てくる〝悪評〟はごく一部です。自分の行動を振り返ってみればよくわかりますが、嫌なことがあっても何でもかんでもネットに書き込むことはしませんね。

いくらカイジたちが弱い存在だったとしても、帝愛グループがあそこまでの悪行をしていたら、うわさは広まっているはずです。それでも帝愛は「ビジネス」を続けています。不思議ではありませんか？

多くの人は、嫌な思いをしても文句をいいません。それは、面倒くさいからでもあり、また、自分のイメージが悪くなるからでもあります。何でもかんでもクレームをネットに書き込んでいる人をみたら、その〝ニセモノ〟の商品に対してではなく、その書き込んでいる人に対して嫌悪感を抱きます。「文句ばっかり言っているやつだなぁ」と近寄りがたい印象を抱くでしょう。

映画や本の感想で「つまらなかった」と書くことくらいはできるかもしれません。でも、日々感じる嫌なことをそのつど書き込むことはしないでしょう。

一般的に、悪口は嫌われます。匿名で書けるネット掲示板や気軽につぶやけるツイッターなどには、悪口やバッシングがあふれていますが、その書き込みの影響力も限られています。影響力がある書き込みをする人は、「自分が悪口を言うことのマイナス」が大きいため、それほど悪いことは書きません。

質が悪い商品や企業の情報はネットに出てきても、テレビCMの〝いいイメージ〟で完全にかき消されてしまいます。何か不祥事を起こしたり、不正が明るみになったとしても「人の噂も七十五日」というように3か月もしたら、なかったことになってしまいます。実際には〝ニセモノ〟は消えません。それが現実なのです。

「ノイジー・マイノリティ」があなたの足を引っ張る

自分が目的を達成しようとするとき、周りの〝空気〟を打ち破って、したたかに前進しようとするとき、必ず批判する声が出てきます。それが〝ノイジー・マイノリティ〟です。

〝ノイジー・マイノリティ〟とは、「派閥の中で、決して多数派ではないものの、声高な主張を繰り返すことで大いに目立ち、印象の残りやすい派」（Weblioより）です。つまり、「ギャーギャー騒ぐ、ごく一部の人たち」という意味です。

この〝ノイジー・マイノリティ〟は、自分たちの主張や、相手の批判を繰り返します。そして、彼らの主張が〝国民の総意〟で、その意見に従わない人があたかも悪者であるかのように思わせることもあります。

少数派でも、重要なことは繰り返し主張しなければいけないとは思います。しかし、相手の意見をつぶすような発言を繰り返す人もいて、非常に厄介な存在です。

あなたの考えは、あなたのものです。それに対して正解・不正解はありませんし、こんなことを感じてはいけない、という規制もありません。周りの人がどんな考えかを聞くことは重要です。でも、自分の意見が「〝正しい〟かどうか」を考えてはいけません。

そんなこと言われなくてもわかっている、と多くの人が答えるでしょう。しかし、何か人と違った意見を発信すると、非難されることがあります。特にネットではいわれのないバッシングを受けることもあります。

そしてそのバッシングを真に受け、真剣に考えてしまうと、自分の意見を言えなくなってしまいます。

かつてこんなことがありました。

東京の新宿駅で電車が人身事故で止まったというニュースがネットで流れました。電車の運転席の窓ガラスが〝蜘蛛の巣〟のような割れ方をしていて、「もしかしてそこに人がぶつかった!?」と感じさせる写真が載っていました。

ただ、私が驚いたのはそこではありませんでした。そのバリバリにひびが入った電車の運転席のガラスを、多くの見物客が携帯で写真を撮っていたのです。

あの割れ方から推測すると、かなり大きな事故だったはずです。事故に巻き込まれた方も相当なケガをしていたはずです（もしかしたら、亡くなっているかもしれません）。そんなことは現場を見れば誰の目にも明らかでした。

しかしその事故現場を大勢の乗客がわれ先にとカメラに収めていました。まるで大好きなアイドルにたまたま出会えたときのような、集まりようでした。

私はこの状況を見て、「この写真を撮っている野次馬たちは、被害者やその家族に対する配慮の気持ちがない」とSNSに書き込みました。

このコメントに対して、多くの賛同者がいましたが、同時に「偉そうなことを言うな」「お前がコメントする必要はない」などの反応もいくつかありました。なかには「電車が止まっていたら、写真を撮って報告をするのが常識です。それのどこがいけないんですか？　あなたこそバカですね」という書き込みもありました。

ネットの世界には、他人が意見を発信することを許さない人たちがいます。

それがたとえ、単なる独り言で、誰も傷つけず、誰にも迷惑をかけていないコメントだったとしても、見ず知らずの人が遠くからやってきて「お前に言われたくない」「その考え方は間違っている」「黙れ」と圧力をかけてきます。

これは、非常におかしい状態です。リアルの世界に置き換えてみたら、この異常さがわかると思います。たとえば、カフェで友達と話をしていて、何かについての意見を口にしたら、遠くのほうに座っていた赤の他人がいきなりやってきて、「お前にそんなこと言われたくない」というようなものです。

リアルの世界でそんな状況を見たことがありません。しかし、ネットの世界では日常茶飯事です。特に、SNSなどで発言が拡散され目立つと、〝親切〟な人たちが、発言の〝間違い〟を指摘してくれます。

ただ、もともとネットで人の意見に口出しする人たちは、単に口出しがしたいだけです。本当に自分の信条とかけ離れていたために、自分の気持ちを抑えられずにコメントするというよりは、他人の自己主張が鼻についただけです。

私は子どものころ、6年間空手を習っていました。空手はボクシングなど他の格闘技と違い、相手の攻撃をフットワーク（ステップ）でかわすことはありません。その代わり、〝受け〟といって、手で払いのける防御をします。

このとき、師範から繰り返し言われていたことがあります。それは「相手の攻撃を迎えに行ってはいけない。相手の攻撃が自分に当たる直前に防御しろ」ということです。自分に届かない攻撃（実害がない攻撃）には反応してはいけない。当たるとわかって初めて〝受け〟をするのだ、と指導されました。そのため、空手の〝受け〟は非常にコンパクトな動きです。

それと対比させて、ノイジー・マイノリティを見ると、何と無駄な動きが多い人たちなのかと感じます。自分にまったく害が及ばない〝対岸の火事〟のようなものに、わざわざ出向いて行って、「問題だ！　問題だ！」と騒ぐ。空手とは真逆のスタイルです。

世の中には、他人が意見を言えなくなるような圧力をかける人たちがたくさんいます。そういう人たちを相手にしてしまうと、思っていることを発言できなくなり、何となく周りに同調するしかなくなります。この〝ノイジー・マイノリティ〟から批判されることを嫌がって発信しなくなる人もいます。

ノイジー・マイノリティは特に正論を持ち出しやすいときによく現れます。自分の正義を掲げ、相手の意見を封じ込めようとします。彼らに付き合っていたら、足を引っ張られて動けなくなってしまうこともあります。非常に厄介な人種ですが、どこにでも現れるのがこの特徴です。

ここまで見てきたように、この世の中で生きるのは、正しい人間ばかりではありません。「人を見たら泥棒と思え」というフレーズは極論ですが、この世の中はきれいごとで回っているわけではありません。「正義の味方」はいない。これが今の社会なのです。

私たちはこの社会でしたたかに生きるために、どのように考え、どのように行動すればいいのでしょうか？　カイジから読み解く打開策を後の章に記していきます。

第３章

「お金」も「チャンス」もしたたかにつかみとれ

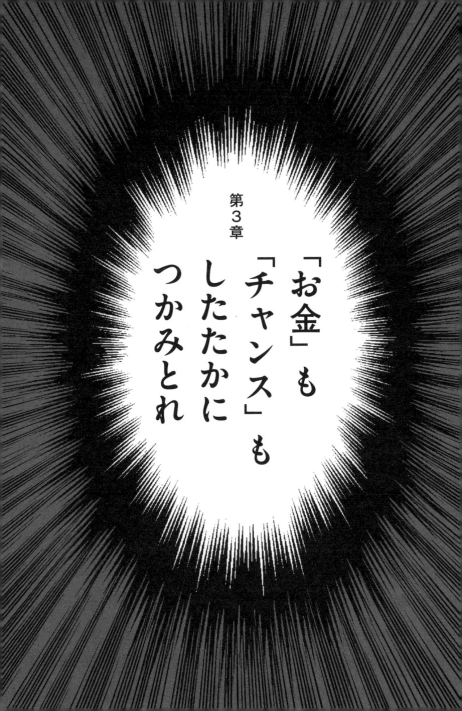

稼いで生きる「したたかさ」とは?

前章でお話ししたような〝悪〟の手口を私たちは日常的に目にしています。そして「あんな金の亡者にはなりたくない」という意識が心の奥底に刷り込まれ、同時に「利益を稼ぐことは悪いことだ。あいつらと同じだ」と考えるようになります。

しかし、忘れてはいけないのは、**「自分の力でお金を稼いで生きていく」という「覚悟」**は、この資本主義経済の中で生きるために圧倒的に必要な要素であるということです。そして、お金を稼ぐことを妨げているものを打ち壊さないといけない、ということです。

まず、ビジネスでお金を稼いでいる人の全員がブラック資本主義者なわけではありません。もっと言えば、ブラックというレベルまでの強欲でモラルがない企業は全体から見たら少数です。

私は民間企業3社に勤め、15年以上、ビジネス現場で活動をしています。しかし、この「利益至上主義の人」をあまり見たことがありません。というより、世間で問題視されているような「とにかく利益を出せ！」というような人は、うわさには聞いたことはあっても、現実にお目にかかったことはありません。

日本経済がまだ成熟していなかったころには、倫理観のかけらも持たない、利益至上主義のビジネスパーソンが大勢いたと思います。帝愛グループはまさにそのブラック資本主義の権化ともいえる存在でしょう。利益至上主義の輩は、相手を契約でしばり、その契約通りにことを進めていきます（言うまでもありませんが、帝愛グループが行っていることは非合法なので、本来であれば、その契約は無効です）。そんなブラック資本主義者は、相変わらず残っているので私たちがこういう〝悪〟と戦っていかなければならないというのも事実です。

しかし私は、今、私たちが立ち向かうべき問題は、むしろ自分の中にあると思っています。そして、むしろこの問題のほうがより強烈に私たちを苦しめるようになっています。「ブラック資本主義者の倫理観の欠如」より、私たちはもっと重大な問題を抱えている、ということです。それは、「お金を稼ぐことに罪悪感を覚えてしまうこと」、つまり「利益を追求できないこと」です。

ベンツのエンブレムを盗んで憂さ晴らしをするカイジ。人はお金がないとお金やお金持ちを「悪」と思い込む
そうやって自分の境遇を正当化しているのだ。お金に縛られているからお金が憎くなる。

世の中にブラック企業があることは事実だと思います。しかし仮に勤めている企業が〝ブラック〟でなかったとしても、私たちは自分の中にある考えに縛られ、日々苦しんでいます。ブラック企業は辞めることができても、自分の考えから逃れることができず、多くの人が苦しんでいます。

私たちは、ブラック資本主義者を敵視し、「自分は絶対にあのようにはならない」と心に決めます。しかし、そう思うばっかりに、あらゆるお金儲けを〝悪〟と感じてしまうことがあります。生きていくには、お金が必要で、どんな仕事をするにもお金がなければいけないのにもかかわらず、お金を得ることを〝悪〟と考え、アクセルを踏めないでいます。これが、覚悟を決められない大きな理由になっている、そんな人がたくさんいるのではないでしょうか？

利益より理念？

最近、「一般企業よりもＮＰＯに勤めたい」「社会起業家を目指しています」という学生が増えてきたように感じます。また社会人でも、「社会のために！」を掲げる人が増えてきました。

社会に対していいことをしたい、利益よりも理念を追求し、社会的意義が高いことをしたい、という思いが表れている結果かと思います。

その思いは、別に悪いことではありません。

ただし、別に「いいこと」でもありません。

勘違いしてはいけないのは「NPO、非営利団体が善」なわけではない、ということです。「NPO、非営利団体に勤めています」と聞くと、それだけで「いい人」のように感じるかもしれません。しかし当たり前ですが、NPOに勤めているから「いい人」なわけではありません。

逆に、これも当たり前ですが、営利団体（一般企業）に勤めているから「悪い人」なわけでもありません。そして同じように、多額の利益を出している企業が、すべて悪徳企業なわけでもありません。

そもそも、企業が維持されているのは、**お客さんからお金をもらえるから**です。そして、お客さんからお金をもらえるのは、（詐欺でない限り）お客さんに対し「いいこと」をしているからです。

そのお客さんに価値を提供し、そのお客さんをサポートし、「いいこと」をしているから、お客さんからお金をいただけるわけです。

あなたが、そのビジネスや、扱っている商品自体に賛同するかどうかは別にして、そのビジネス・商品を必要としているお客さんがいて、お客さんがお金を払うから企業が存続できます。

そういう意味では、どんな企業も、誰かに必要とされていて、「いいこと」をしています。

企業は社会やお客さんの役に立っているから、存続できます。役に立つから、その相手からお金をもらうことができ、ビジネスを継続できるのです。NPOなどの非営利団体であろうが、一般の会社（営利団体）であろうが、それは変わりません。

ですから、「社会にいいことをしたいからNPO」という考え方は、かなり本質を見誤っていると言わざるを得ません。

どのように社会に貢献していくのかを考えた結果、この活動をしているNPOで働きたいというのならわかりますが、そうではなく、単に「お金を儲けることが悪」と考えてはいないでしょうか。極端に言えば、「利益を求めるためにやっていないからNPO・非営利団体は善」だという考えがあるのではないでしょうか。

誤解がないようにお伝えしておきますが、世の中にとってすばらしい活動をされている非営利団体はたくさんあります。しかし、その非営利団体がすばらしいのは、「すばらしい活動」をしているからであって、「非営利だから」ではないはずです。

社会への「貢献度」は何で決まるのか

自社の利益よりも社会にとっていいことを、という理念を掲げるのはいいと思いますが、もしそれが「自社の利益よりも、社会を優先」となってしまってはいけないと感じています。

自社の利益よりも社会を優先するということは、自分の利益だけでなく、自分がかかわっている人、自分をサポートしてくれる人の利益よりも「社会」を優先するということです。

『資本論』という歴史的大著があります。資本主義経済の本質を解き明かし、なぜ労働者はいつまでたっても貧しいのか、なぜ何もせずに金持ちになる人がいるのかなど、この世の中の搾取構造を明確にしています（『資本論』を「共産主義の経済理論」と誤解している人がいますが、そうではありません。実際、私が勤めた富士フイルム、サイバーエージェント、リクルートの日本企業3社でも、資本論の理論が当てはまっていました）。

私は『資本論』を学び、世の中のルールを知りました。そして、そのルールにのっとって勝負をしてきました。そういう意味では、生きていくうえでマルクスから得たものは非常に大きく、これほどの深い洞察ができる人物を非常に尊敬しています。

一方で、「父親」としてのマルクスは、落第点だとも感じています。マルクスには6人の子どもがいました。しかし、『資本論』を書くための勉強と、その執筆に多くの時間を費やしていたため、生活費を稼ぐ時間がありませんでした。そして、結果的に長男と次男など、子ども3人を幼くして亡くしてしまいました。

自分の子どもを満足に養えないのに、「社会のため」といって研究にいそしむのが本当に「善」なのでしょうか?

もちろん、その時代・その社会によって、いろんな考え方があります。ですが、私には到底受け入れられません。もし「社会のために、自分や家族を犠牲にしてくれ」と言われたら、断固として拒否するでしょう。社会のために貢献しても、自分が苦しんでしまい、悔いが残る人生になってしまうのであれば、まったく褒められたことではないと思うのです。

繰り返しますが、ビジネスの本質は他人に貢献することであり、自分が儲けるために行うことではありません。しかし、同時に**他人の奴隷になることでもありません。**

また、社会の中で生きていくにあたっては、みんなで協力しあうことが必要です。身勝手に、自己主張ばかりしていては他人とうまくやっていくことができません。しかしそれは、周囲の全員から好かれなければいけないということでもありません。

自分と意見が合わなかったり、自分のやっていることを非難したりする人が必ずいます。でもそれは当たり前のことで、仕方がないことです。

他人の目を気にして動けない人、〝いい人〟になってしまうのは決してほめられたことではありません。得たいものがあればしたたかにそこに向けて前進しなければいけないのです。

人はお金が嫌いなフリをする

日本では、お金の話を嫌う傾向・文化があります。就職活動の面接時ですら、自分の給料を素直に確認できない風潮がありますね。私は実際、就活をしていたとき、ある企業で人事部の男性に「条件」を尋ねて落ちた経験があります。

それは面接の場ではなく、面接と面接の間で呼ばれたＯＢ訪問のときでした。非常にありがたいことに、その企業は私を評価してくれていて、「次の面接の前に、先輩社員の話を聞いてもらいたい」と、わざわざ段取りしてくれたのです。

ただ、そのOB訪問の帰り、段取りしてくれた人事の方からエレベーターの前で、「何か不安なこととか、質問ある?」と聞かれました。そこで数年後のモデル賃金(数年後に、平均どのくらいの年収になっているかの目安)を尋ねました。

その瞬間、相手の顔が曇り、結果的に「次の面接」に呼ばれることはありませんでした。

「アホか。面接の場で、カネの話を聞くなよ」と感じた方もいらっしゃるかもしれません。でも、なぜそれがいけないのでしょうか?

仕事はお金だけのために行うことではありません。しかし、仕事をするからには、お金をもらわなければいけません。「カネの話なんて」と感じる方は、自分の給料が同僚の半額以下でも、文句を言わないのでしょうか? 一切無給で働かされても、「お金は関係ないから」とニコニコしていられるのでしょうか?

そんなことはないはずです。もしそんなことがあったら「ブラック企業!」と声をあげ、訴訟するかもしれません。口では、「カネの話なんて」と言いながら、実際はお金のことをとても気にかけています。

もちろん、世の中はお金だけではありませんし、お金がありさえすればすべてOK

ということでもありません。でも、お金がなければ何もできません。

2013年に出版した『カイジ「命より重い！」お金の話』では、お金の大切さと怖さを世の中に訴えました。日本人は、あまりにもお金の話を遠ざけすぎです。

大人は子どもたちに対して、お金は賤しいもの、お金をほしがることを悪いことと思わせるような教育をしています。自分もお金で苦労しているのに、子どもたちにそれを教えません。いろいろな問題をお金が引き金で経験しているのに、「世の中はお金じゃないんだ」と繰り返します。もはや圧倒的な強がりにしか聞こえません。

もちろん、「お金がすべて」という考え方は偏っていると、私も思います。しかし、過度にお金を遠ざける教育は子どもたちを不幸にします。

「金は命より重い……！」という利根川のセリフを「漫画の中のこと」と安易に切り捨てる人がいる一方で、お金のために人生を台無しにする人、お金がないばっかりに命を落とす人、目先のお金を手に入れるために、心と身体を売る人が後を絶たないのです。

お金で幸せを買うことはできないかもしれません。しかし、**お金があれば不幸を避けることができます。**

お金は大切です。本心では、誰もがそれに気づいています。でも、素直にそれを認められません。一体なぜか？　それは日本人に埋め込まれた精神が影響しているのかもしれません。

日本人が「お金の話」を遠ざける理由

みんな、実際にはお金を大切に思っていますし、自分がもらえるお金の額に非常に興味があります。しかしそうだとしても、お金の話に対して、少し引け目を感じたり、嫌がったりします。

なぜでしょうか?

その原因のひとつは〝武士へのあこがれ〟にあるのかもしれません。

みなさん、「士農工商」という言葉をご存じでしょう。江戸時代の身分制度です。私はこの士農工商を中学校で教わったとき、「農民を武士の次に据えることで、農民の不満を和らげていた。それで一揆が起こらないようにしていた」という話を聞きました。年貢に苦しんでいた農民の社会的地位を上げることで、不満を解消していた、ということです。

そのときは、それ以上は考えませんでしたが、今になって思えばここに重要なポイントが隠されています。それは「商人」の位置づけです。商人、つまりビジネスをしてお金儲けをする人が、身分制度上、最下位におかれているのです。

調べてみると、今の社会の教科書では「士農工商」という言葉が使われていないようです。（参照：東京書籍ホームページ「小学校（平成27年度～）社会　よくある質問Q&A」http://www.tokyo-shoseki.co.jp/question/e/syakai.html#q5）近年の研究の結果、「士農工商」が「士→農→工→商」の順番で身分の上下を表すとする解釈は間違っていたということがわかってきたからなのだそうです。

ただし、実際には「商人」を下に見る雰囲気はありました。新渡戸稲造の『武士道』（江戸時代後期）には、

「人間の営むすべての貴い職業のうち、商業ほど武士道と遠くかけ離れたものはなかった。（中略）武士は、その収入を土地から得ており、その気になれば素人農業をすることもできた。しかし帳場と算盤は嫌悪された」（山本博文訳、筑摩書房）

と書かれています。武士は農業をすることはあっても、商売はしない、ということです。

同様に、武士にとって、大切なものは名誉であり、その名誉が「富」から得られないことは、当時誰の目から見ても明らかだった、という記述もあります。少なくとも

新渡戸稲造の時代には、商売に対する悪いイメージが根付いていたようです。
そして同時に、新渡戸稲造はこのようにも書いています。

「商業に対する軽蔑の念ゆえに、おのずと社会的評判などほとんど気にしない連中がその職業に集まることになったのである」
「高潔で正直な多くのサムライたちは、新しく不慣れな商工業の分野で、狡猾な平民と競争する抜け目のなさがまったくなかったので、立ち直れないほどの大損害を被った」（同前掲書）

商業は軽蔑されたが、それゆえ、他人の目を気にすることもないような輩が参入してくる。そして、武士の時代が終わった後、多くの名誉あるサムライはそのような輩に大打撃を受けた。こうした背景が、商業に対してより悪いイメージを植え付けているのだと感じました。
同様の指摘は、日本の資本主義の父と呼ばれる澁澤栄一の『論語と算盤《そろばん》』の中にもあります。

「私は十七歳のとき、武士になりたいという志を立てた。というのは、その頃の実業家は、百姓とともに賤しいとされ、世の中から人間以下の扱いを受けて、歯牙《しが》にもかけられない有様だったからだ」（守屋淳訳、筑摩書房）

これらを見る限りでは、この時代の人々は武士を尊ぶと同時に、商人への嫌悪のような感情を抱いていたと考えられます。そしてその感情が後の時代に引き継がれ、まるで身分上の差別があったかのような誤解を生むまでにいたったのでは？　とも思えるのです。

現在も、武士道で重んじられる潔さ、名誉というフレーズは、基本的に褒め言葉にしかなりません。野球の日本代表チームを「侍ジャパン」と呼ぶことも含め、自分のことを「現代のサムライ」と呼ばれて嫌悪感を抱く人は、ほぼいないのではないでしょうか？　それくらい「武士」に対する尊敬の念と、あこがれが日本人の中には残っていると考えられます。

しかし同時に、それと対をなしていた商売に対する嫌悪感も私たちは引き継いでしまったと感じずにはいられません。

武士たるもの、カネの話はしない。
カネの話をするのは、〝一番下〟の商人がすることだ。

明確に言葉にして理解していなかったとしても、心のどこかで、武士にあこがれ、それと対極にある商人になるまい、とする心があるように思います。

日本の学校教育では、「武士道」を直接教えることはないと思います。ですが、「お金の話をするなんて」「お金がすべてではない」「自分の儲けばかり考えていてはダメだ」と、親や先生から繰り返し説かれます。

ふと冷静になって考えてみると、「お金がすべて」「自分だけ儲かればいい」と考えている子どもはいません。まだ自分で稼いでもいないし、大金を使える環境にもありません。

そんな子供たちに対して「世の中、お金がすべてではない」と教えるのは、とてもおかしいことです。お金の意味もわからないうちから、こんなふうに繰り返し刷り込まれるわけです。

「お金がすべてだ！」という考えすら思いついてもいない子どもたちに対して、「お金がすべてではない」ということは、結局、そう言っている大人たちが「お金がすべてだ！（もしくは、「圧倒的に大事だ！」）」と言いたいのに、一生懸命それを隠している意識の表れだと思うのです。

私がこれを問題視するのは、「武士のようになりたい」「武士のようになればいい」が大義名分になり、実際はそこに逃げ込んでいるだけの人がいると感じるからです。「稼げなくてもいいや、自分は清く正しく、つつましく生きるのだ」と言い聞かせ、時代劇に出てくるような呉服問屋（典型的な金の亡者）と対極に自分を置きます。そうすることで、「自分はあいつらと違う」と納得させながらも、じつはビジネス界で勝負に出られない言い訳にしている人もいるのではないか、そう感じることが頻繁にあります。

　私たちがカイジのストーリーに惹かれるのも、出てくるキャラクターに共感してしまうのも、私たちが生きていくためのお金を、必死になってつかもうとする彼らを応援する気持ちがあるからです。

　本音では、お金を稼がなければ生きてはいけないことがわかっています。でも、武士へのあこがれと、周囲の目を気にしてその本音を言えないでいる人は、現実にたくさんいるのではないでしょうか？

なぜ裕福になっても「経済発展」が必要なのか

いま以上の経済発展は必要か？　このような問いかけは頻繁にされています。私たちの生活は既に豊かで、これ以上のモノは不要です。これ以上便利になる必要もないかもしれません。にもかかわらず、多くの企業が「もっと売って、もっと利益を」と掲げていることに違和感を覚えるのでしょう。

しかし、経済発展の目的は、「豊かな社会・便利な社会」だけではなく、大量消費を促すためでもありません。ましてや企業が利益を稼ぐことだけでもありません。

なぜ経済発展が必要か？

私の答えはただひとつです。それは、**「雇用を増やすから」**です。つまり、失業者を減らし、仕事がないことに悩む人を減らすからです。だからいま以上の経済発展が必要なのです。

経済を回すことは、単なる大量生産が目的ではありません。そして大量消費をしたいからでもありません。経済発展は、**仕事がなくて経済的・精神的に悩んでいる人たちを救う**から必要なのです。

経済学の父と呼ばれたアダム・スミスは、失業者を「お金」で救うことはできないと考えていました。というのは、失業者を苦しめているのは金銭的な理由だけでないからです。「あいつは失業している」という社会の目、軽蔑の目のせいで、失業者は大きな苦しみを抱えるのです。

失業者は、単に経済的に窮するだけではありません。仕事をしていない、仕事につけていないという理由で、世間から「できない奴・使えない奴」というレッテルを貼られ、自尊心を大きく傷つけられる、ということです。

私も就活をしていたとき、同じような気分になりました。何十社も受け、何十社から断られました。するとだんだん、自分が社会から必要とされていない人間のような気がして、ひどく落ち込んでいきました。そのときは、実家暮らしをしていたので、経済的に苦しかったわけではありません。

存在自体を否定されたような気がして、とても苦しかったのを覚えています。

カイジが帝愛グループと出会う前、〝ゴミ同然〟の生活をしていました。それは、仕事をしていなかったから、という理由が非常に大きいです。もしカイジが職についていたら、カイジの自意識、自尊心は大きく変わっていたはずです。

内定が取れずに自ら死を選ぶ就活生が、毎年います。冷静になって考えれば「アルバイトでもしながらチャンスを待つほうが、死ぬよりマシ」と思うでしょう。しかし、彼らはそう考えることができませんでした。仕事を得られないというのは、それほど苦しいものなのです。

社会人でも、もし明日〝クビ〟を宣告されたら、どう感じるでしょうか？　向こう半年の生活費が保障されていたとしても、否定された、必要とされなくなったという状況にひどく傷つくのではないでしょうか？

そして、その傷ついた自尊心は「ほどこし」では回復しません。つまり、補助金、失業保険や生活保護を受けてお金を受け取っても、自尊心は回復しないのです。いつまでたっても、「独り立ちできない、ダメなやつ」というレッテルを社会から貼られ、その社会の目に苦しんでしまう、というのがアダム・スミスの考えでした。

だから、国民の幸せを実現するためには、政府が補助をするだけでは不十分で、国民の自尊心、「誰かに必要とされている感」「社会にかかわり、携わっている感」を得るために仕事が必要だと考えました。

スミスは、経済を発展させなければいけないという主張をしていましたが、それは金持ちになるためではなく、雇用を生むためだったのです。

それくらい、雇用を生むことは大事で、ビジネスをして価値を提供することは大事なのです。それでもなお、「経済発展は不要」とバッサリ切り捨てられるでしょうか？

私は、企業で事業責任者を経験したのちに独立し、現在は株式会社と一般社団法人を全部で3つ経営しています。スタッフも雇い、経営者の立場で仕事をしています。

経営者として自分を捉えたときに、自分がすべきことは、大きく分けて3つだと思っています。

1．世の中に価値を提供すること
2．雇用を守ること
3．雇用を生み出すこと

仕事をする以上、社会に価値を提供しなければいけません。誰かをサポートしたり、誰かに喜んでもらったり、誰かの苦痛を減らしたり。とにかく、誰かに喜んでもらえる、助かったといってもらえることをすることです。これが仕事の本質で、これがなければ活動する意味はありません。これは大前提です。

ただ、世の中に価値を提供できていれば、それで万事ＯＫかというと、そうではありません。経営者としての責任があります。それはスタッフの雇用を守ることです。どれだけ社会的意義の高いことをやっていたとしても、スタッフの給料も払えず、一緒に活動している仲間の生活に不安を与えるようでは、経営者としては失格です。

いくら大義名分を掲げても、衣食住を賄えなければ生きていけません。「給料は払えないけど、社会にとっていいことをしているから、いいよね？」という考えは通りません。それこそブラック企業になってしまいます。「崇高なことをしているから、みんなの給料は払えなくてもいいよね」という経営者がいたとしたら、私はまったく賛同できません。むしろ軽蔑します。

そしてもうひとつ、経営者の役目は「雇用を生み出すこと」だと考えています。雇用を生み出すというのは必ずしも、自社でたくさん従業員を雇うということではありません。誰かの役に立つことを通じて経済を回し、いろんなところで仕事が生まれるようにするのも「雇用を生み出すこと」です。

この雇用を守り、雇用を増やすことは、立派な社会貢献です。

最初の問いに戻ります。「なぜ経済発展が必要なのか？」その答えは、雇用を生むからです。

私たちが一生懸命ビジネスをして、一生懸命お金を稼ぐことで、新たに仕事が生まれ、雇われる人が増えます。それはその人たちの自尊心を回復させます。それは立派な社会貢献になるのです。

お金を稼ぐのを悪いことのように思い、利益を生み出せなくなっているビジネスパーソンは、何か誤解をしていると思います。〝非営利〟がいいことのように思う人は、何か勘違いをしています。

利益を生み出すことは悪いことではありません。利益を生み出さなければ、私たちは誰も生きていけません。雇用を生み出すこともできず、みんなが自信を失う社会になってしまいます。

稼いでいい。というよりむしろ、稼がなければいけない。それが私たちの社会貢献なのです。

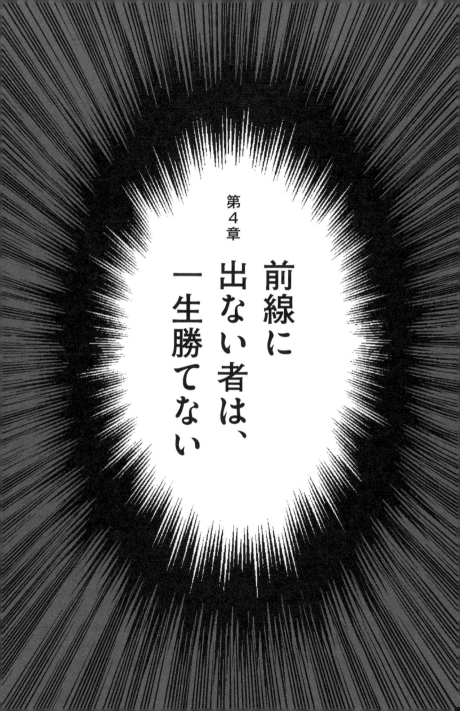

第４章

前線に出ない者は、一生勝てない

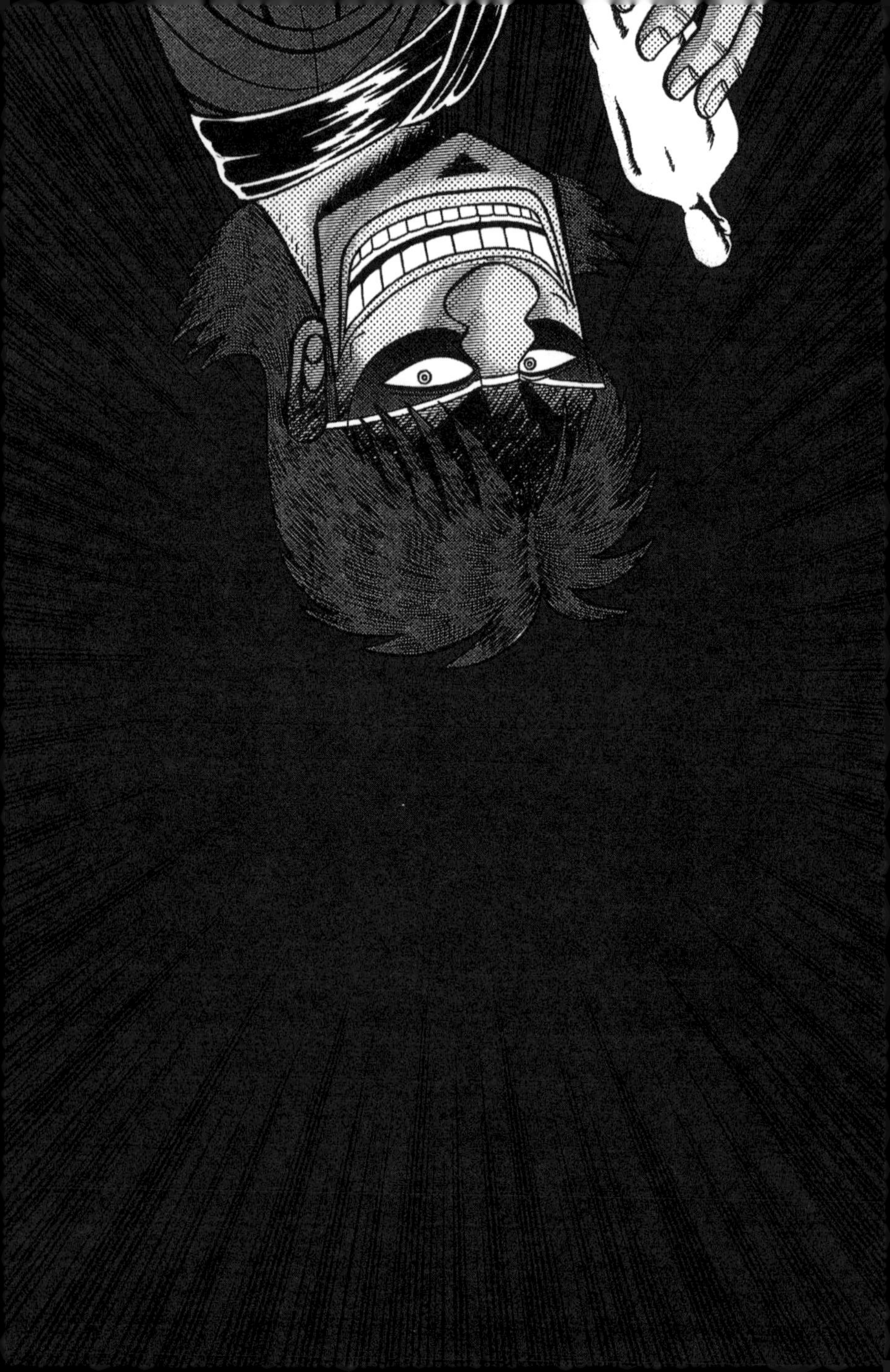

自分を「安売り」しない「したたかさ」を持つ

ふつう、レストランに入って「お金はないけど、高いものを出してくれ」と言う人はいません。また、「この1万円の商品がほしいけど、2000円しかありません。2000円でいいですか?」とレジ前で聞く客もいません。

でも、**形がないサービス**を仕事にしていると、これが頻繁にあります。

質が高い記事を書いてください。でもお金はほとんどありません。
最高のデザインをしてください。でも予算は少ないです。
ぜひコンサルティングしてください。飲み代おごりますから。

本来は、その仕事に対して相応の対価を払わなければ、仕事の成果を受け取ることはできません。それは有形の商品でも、無形のサービス・ノウハウでも同じことです。それはみんなわかっているはずですが、こういうケースは本当に多いです。

形があるモノを値切ることはしないのに、形がないサービスは〝タダ〟でもいいと思っているのです。

日本はサービス業が生み出す付加価値が小さいと言われてきました。そして、その原因として、サービス業に携わる人の「生産性」が低いからだ、仕事に無駄が多いので、もっと効率的に仕事をしなければいけない、とたびたび指摘されてきました。

しかし、私はこの問題の本質は生産性ではないと思っています。**形のないサービスが「安く買い叩かれてしまう」**ことが原因なのです。

なぜ、形のないサービスが安く買い叩かれてしまうのか？　それは、日本人が持つ「おもてなし」の精神と密接にかかわっていると感じています。

日本には、「おもてなし」の文化があります。自分は見返りを求めずに、他人に奉仕するすばらしい文化だと思います。ただし、これは満たされた人が行ったときに、自分にも相手にも幸せな感情をもたらすものだのだと思います。自分が満たされている人は、本心からおもてなしができます。

しかし一方で、〝おもてなし〟が、悪い意味で〝お互いさま〟になったとき、非常に窮屈で冷たい関係になってしまいます。

「おもてなしをすべき」という〝べき論〟を教育され、押し付けられ、この価値観に捕らわれながら、納得せずに「おもてなし」をするとどうなるでしょうか？

「人から見返りを求めてはいけない。それが日本人のあるべき姿だ」と言われて育てば、もしかしたら、「人に見返りを求めない人」が育つかもしれません。

　ですが同時に、人に何かをしてもらっても〝当然〟と思う人間になってしまうのではないでしょうか？

　さきほど指摘したように、日本人は、サービスに対してお金を払いません。〝サービス〟とは、「おまけをしてもらう」ということではなく、「人に何かをしてもらう」という意味です。レストランやホテルで、気を遣ってもらったり、何か手伝ってもらったり、配慮してもらったりすることも〝サービス〟です。

　海外に行ったことがある方はよくわかると思いますが、日本のサービスは世界最高レベルです。しかし、その最高レベルのサービスも、私たち日本人は「当たり前」と考えている感があります。

　海外ではチップの習慣がある国もあります。海外旅行に行くと、腹立たしくも感じるような対応をレストランやホテルで受けることがあります。しかしそれに対しても、現地の人たちはチップを払います。

しかし一方で、世界最高レベルのサービスを日々受けていながら、日本でチップを払おうとする日本人はほとんどいません。これは「見返りを求めない文化の弊害」ではないかと思うのです。「自分が何かをしてあげても見返りを求めない。だから逆に、自分が何かしてもらっても、何も払わない。何か文句あるか?」そんな意識があるように思えて仕方がないのです。

人におもてなしをする心は、言い換えれば人に奉仕する心です。これはとても大切な日本の文化です。ただし、自分の心が満たされない限りは、この〝奉仕〟ができないと思うのです。どうしても「自分も苦しいのに、仕方ないからやってやった」という感情が残り、その見返りとして他人からも〝奉仕〟してもらうことを当然と思ってしまうのです。

ではどうすればいいか。

無理して〝おもてなし〟をすることをやめればいい。そして、**自分が満たされる値段**を付け、満たされた後に〝おもてなし〟をすればいいのです。

高級ホテルのおもてなしが称賛されることがあります。しかし、そのホテルに宿泊するのには、当然高いお金を払わなければいけません。値段以上のおもてなしがあるから、称賛されるわけですが、前提になっているのは、ホテル側の従業員・スタッフが満たされるだけの報酬を得られているということです。

おもてなしは、無償でなければいけないわけではありません。0の報酬（無償）で50のおもてなしをするのと、100の報酬で300のおもてなしをするのとでは、後者のほうが喜ばれるに決まっています。

まずは、自分が満たされるだけの報酬を得てください。おもてなしとは、決して自分の報酬を削って、自分が我慢することではありません。**自分が満たされ、相手にはそれ以上に価値を提供する。**それが〝おもてなし〟ではないでしょうか？

これ以上、「受信力」は鍛えなくていい

日本人は、欧米人と比べて、自己主張力が弱いと言われています。今に始まったことではなく、昔から状況は変わっていませんね。

でも、なぜでしょうか？

日本人はそれほど弱い自信がない民族なのでしょうか？　それとも能力がないのでしょうか？

そうではありません。日本人は単に発信することに慣れておらず、逆に相手の話を聞くことを重視されてきたので、〝聞く専門〟になっているのです。

コミュニケーション力について、子どもに身につけてもらいたい能力は、各国で違うようです。

わかりやすいところで、日米で比較すると、日本では、相手の気持ちがわかる子に育ってほしい、ちゃんと話を聞く子になってほしいという意向が強いようです。

一方、アメリカでは違います。アメリカでは、自分がしてほしいことが何か明確に言える子になってほしい、自分の意見を言える子供になってほしい、という意見が多いです。

言葉を変えると、情報の受信力を高めたいと思っている日本と、情報の発信力を高めたいと思っているアメリカ、と言えるのではないかと思います。

これはもちろん、社会の中で醸成された〝望み〟で、どちらがいいということではありません。ただし、**社会が多様化していくと、「話を聞くこと（情報を受信するこ**

と）」以上に「話を伝えること（情報を発信すること）」が重要になっていきます。

「受信者責任」と「発信者責任」、重いのはどっち？

情報が伝わらなかったとき、その責任の所在をどう考えるのかは、その社会、組織、もしくはその個人の関係性によって違うと思います。

ただ、大きく考えると、「話を聞いている人が理解できなかったことに責任がある」と考える**「受信者責任」**と、「伝える側が伝えられなかったことに責任がある」と考える**「発信者責任」**に分けられます。

日本は長らく「受信者責任」に重きが置かれていました。その典型例が、「学校」です。

学校では、先生が一方的に情報を伝えます。そして、子どもたちに対して一方的に「テスト」が行われます。先生の教える力は問われず、子どもたちの理解のみがテストされ、理解できない子どもに対して「もっとがんばれ」「ちゃんと勉強しろ」と叱責してきましたね。

もしかしたら、先生の教え方が悪いだけかもしれないのに、わからないほうが悪いとされてきました。補習授業を受けるのも生徒だけ、落第するのも生徒だけです。

これはつまり、情報のやり取りができないのを「受信者」の責任にしていることになります。伝えられなかった「発信者」の責任は問われず、「話を聞いて理解できないのが悪い」と考えてきたわけです。

企業でも同様のことが起こります。学校ほどではありませんが、企業でも上司が指導したこと、先輩が伝えたことを、部下・後輩は理解できなければいけない、と考えられています。

私が企業勤めをしていたときも、上司から遠まわしに指示された内容に気づかず、怒鳴られた経験があります。

「うちにも何となく春っぽい企画があるといいよね。新生活〜♪的な」と言われたので、「そうですね」と賛同したのです。しかしそれは、「新しい特集サイトの企画提案書をつくれ」という〝指示〟だったようです。

一向に企画書を出さない私に「なぜ、オレの考えていることがわからないんだ⁉」と上司は言いましたが、冷静に考えると、「わかるはずない」です。

しかし、受信者責任の社会では、受信できないほうが悪いわけですから、この上司の怒りも〝もっとも〟なのかもしれません。

ではさっそくですが……
これから皆様の行う
ギャンブルを説明しましょう
ただ……
もう大分《だいぶ》時間が押しております
ですから
説明は一度のみ
繰り返しません
後《のち》に質問されても
お答えしかねますので
どうか皆様
集中力を持ってお聞きください
では……
まず
皆様が入場の際手渡された
「A」の袋を
開封してください……！
ガサ…
ガサ…

命がけのギャンブルをさせられるにもかかわらず「説明は一度のみ」。日本には利根川のような先生や上司は現実にいて、わからないやつが悪いという雰囲気がある。

言いたいことが言えないのはなぜか

相手が伝えたいことを頑張って理解しようとするのはとても大事なことです。ただし、当たり前ですが、聞いているばかりでは意思の疎通はできません。受信力を鍛えるだけで、社会で生きていく力が身につくかというとそうではありません。

受信力だけで何とかなるのは、課題が与えられ、その与えられた課題に自分ひとりで取り組めばいい場合のみです。受験勉強は、その最たる例です。問題は与えられます。そして与えられた問題に対して、短時間で間違いなく答えを導き出すことが重視されます（というか、それしか求められません）。そのため、先生が言っていることを聞き、それが理解できれば基本的にはＯＫだったわけです。

繰り返しますが、受信力は重要です。

しかし、この受信力を重視するがあまり、発信力がないがしろになっていないかと感じる場面が多々あります。「ないがしろになっている」以上に、自分が言いたいことが言えない人が非常に多いのではと思うのです。

また、受信力が重視されると、質問ができなくなります。確認もしづらくなります。質問したり、相手に確認したりすることは、「自分が理解できていない証拠」だからです。

私が企業に呼ばれて社会人向けに講演をするときも、あるいは子ども向けに小学校で作文の授業をしたりするときも、あまり質問は出ません。「何か質問はありますか？」と問いかけても、黙ってしまいます。かといって質問がないのかと思えばそうではありません。こちらから指名して「何かありませんか？」と聞くと、ほぼ間違いなく質問が出てきます。質問が「ない」のではなく、「あるのに、しない」のです。

それは質問をすることで自分の理解力の低さが表れてしまう、という誤解があるからではないでしょうか？

情報の「受信力」は大切です。相手が言っていることを理解する力、雰囲気を読む力、真意をつかむ力はとても重要な能力です。しかし、これらはすべて「受け身」です。受信力を鍛えた結果、たどり着けるのは**「人の言うことを聞ける人材」**です。**自分自身の想いを叶える人材ではありません。**

オレたちは一人じゃない……
三人だから……
……
僅《わず》かに生き残れるかも……って……言ってるんだ
わかってんのかよ……?
三人で一単位って意味……
それは協力なんて
甘っちょろいことじゃなく……
一頭のライオンが三つに分かれて
生きてけるかって言ってんだ!
ボロ‥ボロ‥ボロ。
くっ……
くそったれがっ……!
……くそっ……
くそくそくそ……
……かろうじて
分裂回避

「一頭のライオンは三つに分かれて生きていけない」。カイジはいつも印象的な言葉を涙ながらに語って相手を引き込んでいく。発信力はしたたかに生きていくための武器のひとつだ。

カイジが強いのは、受信力が高いからではありません。相手が言っていることを察する力があるから強いのではありません。**自らの発信力、巻き込む力、まわりをリードして動かす力があるからです。**

これまで、日本の教育では、受信力を極端に重視してきました。そして同時に、発信力を極端に軽視してきました。学校教育も、いろいろな点で変化しているとはいえ、情報を発信する力を育成する授業はほとんどないのが現状です。

自分が思っていることを自らの言葉で他人に伝えられなければ、自分の希望は叶えられないのです。

相手の心を誘導する「したたかさ」を持て

発信力に関して、重要なポイントがもうひとつあります。それは**「相手の期待値を調整すること」**です。

自分が考えていること、自分が相手にしてほしいことを明確に伝えることは、重要な発信力のひとつです。同時に相手に過度な期待を持たせないこと、つまり相手の〝行き過ぎ〟を防ぐことも重要な発信力なのです。

相手が過度に期待をしていると、たとえ結果が出たとしても、それは〝失敗〟という扱いになり、チームの士気は下がります。

単純な例で、もし相手が「1億円勝てる!?」と思っていたとしたら、「2000万円の勝ち」でも失敗になります。その「2000万円の勝ち」は通常であれば、大勝ちです。しかし、相手の期待が高すぎれば、それは「想っていたより少ない」となってしまい、期待外れ感が出てしまいます。

カイジが限定ジャンケンに挑んだとき、地下でチンチロの大一番に臨むとき、カイジは仲間たちを落ち着かせ、期待値を調整しました。だからこそ、仲間はカイジを信じつづけることができたのです。

他人を巻き込むには、相手に響く内容を語る必要があります。チンチロで大槻に挑んだとき、45組[※注14]が団結できたのは、カイジが「大金をつかむ可能性」を語ったからです。〝ちょい勝ち〟では結束できなかったでしょう。これはカイジのしたたかさと覚悟が成し遂げた結晶です。ですが同時に、45組のメンバーに過度な期待を持たせなかったことがカイジたちに勝利をもたらしたとも言えます。

周囲の期待に応えたい、周囲の望むことを実現してあげたい。そういう気持ちは大切ですし、一生懸命な人ほど、そういう感情があるでしょう。

ただ、その〝周囲の期待〟が本質的にズレていたり、要求レベルが高すぎたりする場合があります。与えられた期待（課題）に、全力で取り組むことも重要です。ただし、場合によっては過剰な期待、到底無理なお題を与えられることもあります。

それに真正面から取り組むと、どうしても成功確率が下がってしまい、自分が悪いわけではないのに、勝手に相手から落胆されてしまいます。

私が以前、広告の営業をしていたときの話です。ある企業に広告を提案していました。結果的に、広告を買ってくれることになりましたが、その際に先方の担当者から言われたのが「この広告で、君がシミュレーションで出した成果の2倍出してね。だって、せっかく高いお金払ってるんだから」という言葉でした。たしかに、その広告には100万円単位の費用がかかりました。しかし、それと見合う成果が出せそうということで、提案を受け入れてもらったはずです。広告費が高いからといって、提案した内容の「2倍の成果」を出せと言われても、正直困ってしまいます。

しかも、成果が出るかどうかは、代理店のイチ営業担当が決められることではありません。広告を載せるメディアの力、商品の内容、キャッチコピーなどなど、いろんな要素が絡んで成果につながります。広告を載せるメディアの力は、私がどうこうできる問題ではありません。そしてもちろん、商品の内容も変えられません。さらに言えば、キャッチコピーは先方の担当者が考えるということになっていました。そんな状況で、私だけに「2倍の成果」を迫られても、正直どうしようもありません。

このような経験をしている人は、たくさんいると思います。

こんなとき、「これだけ期待してくれているんだから、何とかしてやろう」「よしっ！　燃えてきた！」と感じる人もいれば、大きすぎる期待がプレッシャーにしかならない人もいます。むしろ、後者のほうが圧倒的に多いでしょう。

石田[※注15]さんは、「人間には2種類いる。逆境に直面したときに、奮い立つ人間と、しり込みする人間。私はそのダメな方」と自分のことを表現しました。

でも、相手の期待に応えられないのは、あなたのせいではないかもしれません。相手が勝手に過剰な期待をしている場合、そもそも理不尽な要求だった場合、期待に応えられなくて当然です。

相手の期待に応えられない自分を責めることがあるかもしれません。でも、何か別の策を考えるのも、ひとつの手です。

その別の策が「期待値を調整する」という考え方なのです。

リクルート社では、この「期待値を調整する」という考え方が社内に浸透しています。リクルートの社員は、リクルートが提供するビジネスにみんな誇りと自信を持っています。しかし当然、毎回必ずうまくいくとは限りませんし、「リクルートだからこれくらいはやってくれる」と、過剰にハードルを上げられることもあります。

そのときの上がりに上がったハードルをそのままにしておくと、あとで大きな問題

自分をダメな人間だと悟って石田は死んでいったが、カイジはそんな石田を「最期の瞬間に自分以外の人間を心から案ずることのできる人間」として讃えた。

になります。というのは、相手が想定している期待と実際の結果とが、かけ離れてしまうことがあるからです。

※注14：地下の強制労働施設でカイジの仲間になった者たちの総称。地下ですらギャンブルに手を出し、班長の大槻から給料を前借りしている。その手数料を引かれた月給が４５００円（通常は９１００円）だったため、45組と呼ばれている。

※注15：エスポワール号での限定ジャンケンでカイジと出会い、危機一髪のところをカイジに救われる。その後、ブレイブ・メン・ロードでカイジと再会するも、鉄骨を渡りきることができずに自ら落下して命を落とした。最期の瞬間に命と引き換えに獲得した賞金をカイジに託した。他の参加者の足を引っ張るまいと叫び声ひとつ上げずに落ちていった石田の姿にカイジは心を打たれ、以後、カイジの忘れえぬ人となった。

落ち度がなくてもクレームになる

ビジネスにおいて、クライアントは「期待していたサービス・結果が得られない場合」にクレームを出します。場合によっては、トラブルに発展しますね。注意したいのは、この「期待と実際の〝差〟」が何から生まれるか、です。

図1

【クレームがなぜ起こるのか!?】

①事前の説明と実際の内容にギャップがある

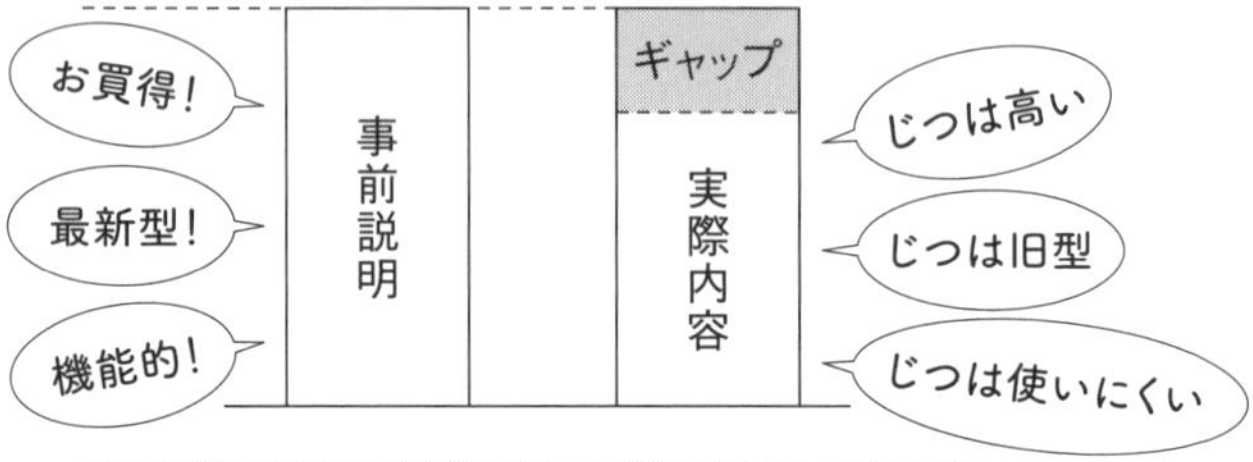

これがクレームになるのは当然!

②事前の説明と実際の内容はつり合っているのに…?

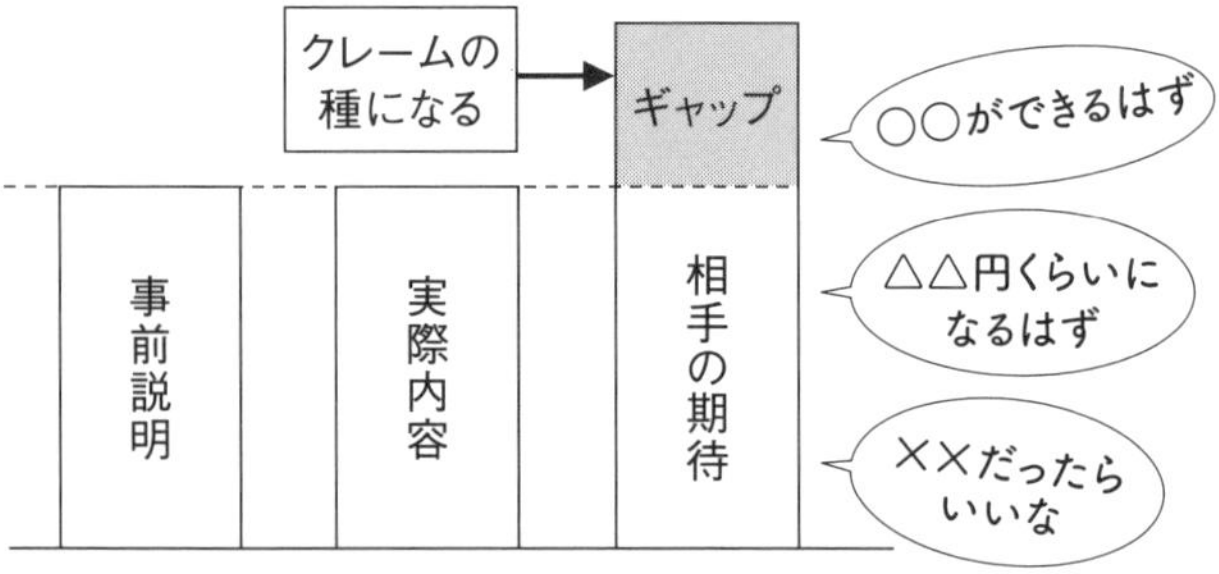

自分に落ち度がなくてもクレームになる

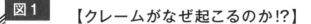

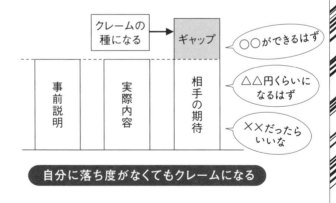

商品・サービスの質が、事前の説明や約束していたレベルに達していなければ、〝差〟が生まれます。

これは、商品提供者の責任です。もしみなさんが提供する商品が「約束を下回る」という状態だったら、商品の質を改善するか、商品説明の内容を改めなければいけないのです。

しかし、もうひとつのパターンとして、約束通りの商品を提供しても、相手が勝手にイメージを膨らませてしまい、過度な期待をしてしまうことがあります。

これは、みなさんの責任ではありません。勝手に相手がイメージを膨らませてしまい、勝手に現実と乖離させてしまったわけです。

しかし、「自分のせいじゃない」といっても、放置することはできません。結局クレームを受けるのは自分です。クレームが起こる前に、対応しておかなければいけないのです。

ここで「相手の期待値を調整する」のです。相手が「ここまでやってくれるだろう」と思っている水準を訂正し、「いえ、そこまではありません。このくらいです」と下方修正します。そうすることで、いい意味で相手に現実を見るように促します。

この「期待値を調整する」という行為は、決して相手の期待を裏切っているわけではなく、ましてやみなさんが悪いことをしているわけでもありません。ただ単に「現実を見せている」だけです。

たしかに、相手が期待に胸を膨らませているときに、それに水を差すのは心理的に抵抗があります。もしかしたら相手を落胆させ、怒らせてしまうかもしれません。でも、それをしないと、相手はもっと大きな期待を抱いてしまい、後々大きなトラブルになりかねません。相手を傷つけないためにも、相手の心を誘導する勇気と「したたかさ」を持たなければいけません。

「いつか誰かが評価してくれる」というのは幻想である

第2章で、ニセモノでも生き残りつづけていることを指摘しました。カネにものを言わせ、テレビCMなどを使えば、悪いイメージをかき消すことだってできてしまいます。人のうわさも企業のイメージ戦略によって、上書きされてしまいます。

そして、「〝ニセモノ〟でも、生き残れる」ということは、同時に「〝ホンモノ〟が生き残れるわけではない」、つまり**「まじめにビジネスをしていれば、いつか誰かが評価してくれる」というのが幻想だ**ということでもあります。

消費者は、ニセモノを非難し、ホンモノを評価します。しかし、〝ニセモノ〟に対するバッシングも、〝ホンモノ〟に対する称賛も、それほど強いモチベーションでは行われないということに注意しなければいけません。

考えてみてください。みなさんが最近行ったレストランで、〝ハズレ〟のお店があるでしょう。でもそのお店の悪い点を、どれだけの人に伝えましたか？　逆に、みなさんがおいしいレストランを発見したとき、その話を、何人くらいに口コミしましたか？

「食中毒になった」「店員に悪態をつかれた」くらいの悪い体験をしたり、逆に感動するくらいおいしかった、めちゃくちゃおもしろい名物女将がいたなどでなければ、他人に伝えることはないと思います。

つまり、「質がいい商品を提供していれば、いつか誰かが評価してくれる」というのは淡い幻想にすぎないんです。

利根川は、エスポワール号の中で、ギャンブルのルールを教えろと騒ぎたてる者たちに「求めれば……周りが右往左往して世話を焼いてくれる、そんなふうにまだ考えてやがるんだ、臆面もなく……！　甘えを捨てろ」と説教しています。

状況は違いますが、自分に都合がいいように他人が動いてくれる、と期待しているという意味では、「いつか誰かが評価してくれる」と考えるのも同じです。

もし会社の上司から、「オレが考えていることは、言わなくてもわかるだろ?」と言われたら、非常に強い違和感を覚えるでしょう。「言わなきゃわからない」「ちゃんと伝えてほしい」と感じるでしょう。

それと同じです。みなさんが周囲に気づいてもらいたいことがあるのなら、自分から言わなければいけません。自分が手にしたいものがあるのなら、黙って他人に期待しているだけではいけません。**「自分はアピールするのが苦手だから」というのは、単なる甘え**です。

つかみたいものがあるのなら、自分で執着して、自分から前に出て、自分で叶えなければいけないのです。

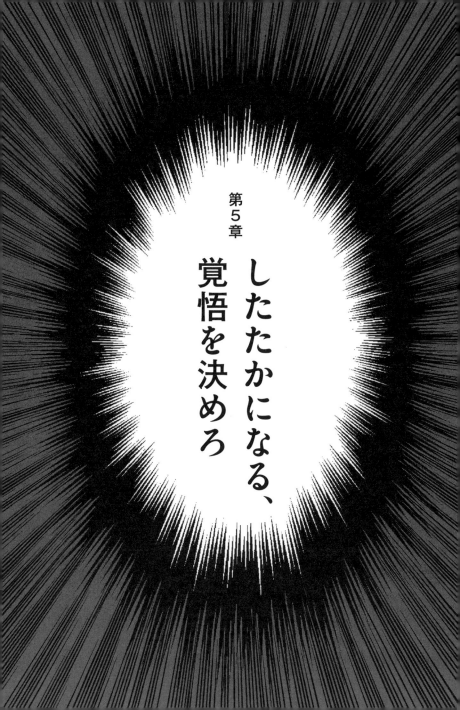

第5章

したたかになる、覚悟を決めろ

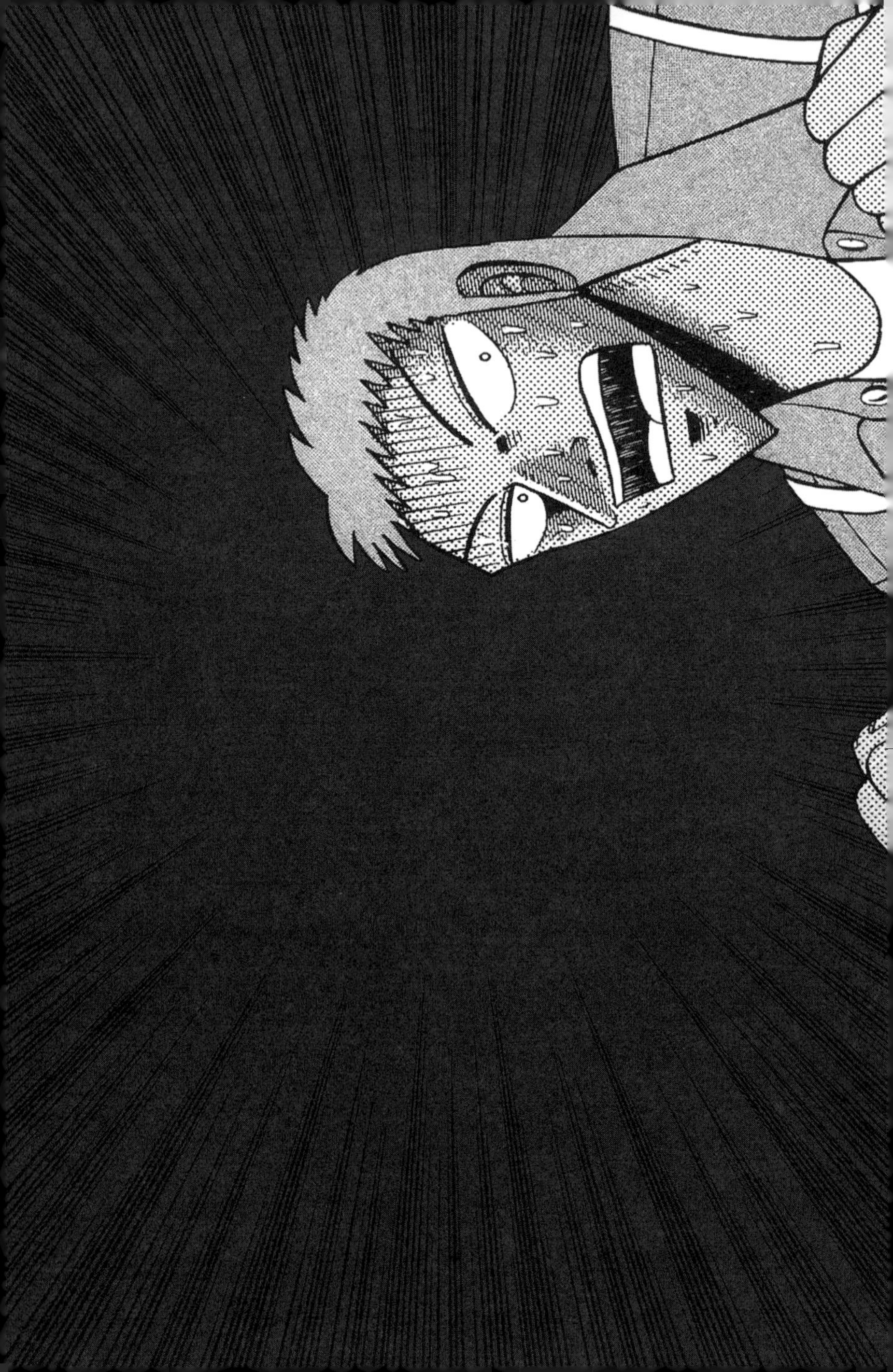

不甲斐ない自分でも、今できることをやるしかない

私たちが過ごしてきた学校という場所は、いわば整えられた場でした。決まったゴールがあり、そのゴールへの道筋も、しっかり整えられ、やるべきことが提示されています。私たちに求められていたのは、その決まった道を、いかに速く、正確に進むかでした。

しかし社会は学校と違います。勝ち得たいものがあっても、そこへの道のりは示されていません。また、人によって選択できる道が異なります。ある人には提示されている選択肢が、別の人には提示されていないということはよくあることです。

正確にいえば、ある人に提示されている道は広く、わかりやすく、進みやすい。しかし別の人に提示されている道は、針の穴ほどの大きさしかありません。人によって、与えられている道、チャンスの大きさが異なるのです。

世の中は不公平です。全員に同じようにチャンスが提示されているわけではありません。ただ、それを嘆いていても何も始まりません。

人は誰しも、現時点から出発するしかありません。今、自分が置かれている環境がどうであろうと、与えられているチャンスが小さかろうと、そこからスタートするしかないのです。

その状況を変えたいのであれば、自分が覚悟を決めて、今できることから行動に移すしかありません。それがコンビニのアルバイトでも、です。

カイジも夢のようなものは持っていたと思います。しかしその夢をつかむ行動を何もしてこなかった。たとえ仕事がコンビニのアルバイトでも、覚悟を持って進んで行けば、自分が勝ち得たいものに近づいていくことはできます。

佐原[※注16]はコンビニのアルバイトを辞め、「一発当てなければ、風穴なんて開かない！」と、ブレイブ・メン・ロードに挑みます。

たしかに、状況を考えたら、「一発当てないと、逆転は難しい」と感じるかもしれません。ですがそれは冷静な分析に見えて、じつは「簡単に逆転ホームランを狙う安易な発想」でもあるのです。

私たちが人生を変えられるとしたら、一発逆転ホームランではありません。

「宝くじが当たりさえすれば」と思っている人は、実は人生を変えることができないのです。

「いつか白馬の王子様が……」と夢見ている女性も一緒です。白馬の王子様が現れることを期待し、それに全力で頼っている人は、おそらく一生白馬の王子様に出会えないのです。


結局のところ、私たちが何かを勝ち取るには、自分で何とかしなければいけない、そして自分で何とかするという覚悟を持たなければいけないのです。

何をやっていいかわからないし、この道が正しいかどうかもわからないけど、**とりあえず目の前にあるものに取り組むという覚悟**が必要です。

その覚悟を持った人だけが、あらゆる道を模索することができ、他人の目などを気にしない「したたかさ」を手に入れます。そして、この「したたかさ」こそが自分が勝ち取りたいものを手に入れる最大の武器になります。

※注16：エスポワール号のギャンブルでさらに借金が膨らんだカイジはコンビニのアルバイトを始める。その同僚の佐原は真面目に働くより「一発逆転」を狙いたい若者。カイジに「普通の人とは違う」

匂いを感じていた。カイジに金儲けの話を持ちかけてきた帝愛グループの口車に乗って、佐原もブレイブ・メン・ロードに挑むことになる。

他人が決めた「ルール」に振り回されるな

第3章で、武士の社会では「商売は卑しいものとされた」ということを書きました。ただ、自然発生的にこのような考え方が生まれたわけではありません。宇宙の絶対真理として「商売が悪」と決まっていたわけではなく、良くも悪くも、この価値観は人為的につくられたものです。

それを新渡戸稲造がどのように見ているかといえば、下記の文章に表れています。

「モンテスキューは、貴族を商業から締め出すことは、富が権力者の手に集中することを防ぐという点で、望ましい社会の政策であることを明らかにした。権力と富とを分離することは、より平等な富の分配の実現に資する」

「ディル教授は、著書『西ローマ帝国最後の世紀におけるローマ社会』において、ローマ帝国衰亡の原因の一つは、貴族が商業に従事することを許し、その結果として少数の元老の家族によって富と権力が独占されたことにあると論じ、あらためて私たちに注意を促している」（ともに『現代語訳　武士道』山本博文訳、筑摩書房）

この文章からは、政治的な戦略として権力と富を分離したという、またローマ帝国はそのバランスが崩れたから崩壊した、という主旨が読み取れます。

富が一部の権力者に集中すれば、社会のバランスが崩れると同時に、〝王〟を脅かすほどの力をつける権力者が出てきても不思議ではありません。そのため、社会の政策として貴族には商売をさせないようにした、ということです。

この状況は現代社会でも多くの場面で見られます。よく言えば「価値観の誘導」、悪く言えば「洗脳」です。つまり、私たちは統治者・もしくは支配者が本人にとって都合がいい社会を実現するために、仕組みをつくられ、その中で統治者に都合がいい考え方をインストールされているだけかもしれないのです。

橋爪竜蔵っ……!
彼は我々に有利な法律を……
いくつも通してくれたからの……!
何はともあれ……
顔を立てねばならない
しかし……
今回は
本来の主旨通り……
我がグループの中から選出した……
身内だっ……!
彼は我がグループの屋台骨を……
長年にわたり背負い続けてくれた……

帝愛グループが日本の政治、法律までを裏で牛耳っていることがわかるシーン。マンガの中だけの話と言い切れない。「誰かの都合」で世の中は回っている。

私たちは知らず知らずのうちに、その価値観を受け入れ、その価値観が当たり前になって生きています。そして、その価値観以外の考え方を取りづらくなっています。

私が社会人になってから約15年が経ちました。最近、高校・大学の友人と会って話すと感じることがあります。それは各自の発言や考え方に、自分が勤めている企業の〝色〟が出るということです。

仕事は一切関係ないプライベートの会話でもです。大半がくだらない話です。しかしそのくだらない話の中にも、銀行員は銀行員っぽさが、ベンチャー企業を渡り歩いてきた人は、ベンチャーっぽさが、大企業勤めの人は大企業っぽさが出ています。

もともとそうした傾向のある人間がその道に進んだ、ということもあるでしょうが、かつてはそれほど各自の考えの差を感じることはありませんでした。

環境が私たちの価値観を方向づける、もしくは決定づけているわけです。

だとしたら、私たちが何か好ましくない考え方をしているとすれば、それは周囲や社会の価値観に縛られているとも言えます。そして、私たちにその価値観を植え付けた〝誰かの一言〟に縛られているかもしれません。

いずれにしても、私たちの行動を邪魔したり、悪いことでもないのに何となく罪悪感を持ってしまうのは、勝手に押し付けられた古い価値観の影響かもしれません。も

しそうだとしたら、そんなものに振り回されていては、前に進むことができません。

自分は何がほしいのか、何を勝ち取りたいのか、それを考えるほうが、他人が決めた「ルール」に従うより、よっぽど重要なことなのです。

「禁止事項」を疑え

世の中には、禁止事項があります。憲法や法律で禁止されていることもあれば、その組織、地域で独自慣習的に制定されている禁止事項もあります。また、明文化はされていなくても、何となく禁止、というものもあります。

もちろん、その多くは、「それが悪いこと」だから禁止されているわけですが、なかにはその反対で**「禁止されている」から「悪いこと」と認識されるようになった**ものもあります。

たとえば「お酒は20歳から」という法律です。タバコも20歳からで、日本では未成年が飲酒・喫煙をすると警察のお世話になります。

ですが、考えていただきたいのは、これは単なる〝決まり〟だということです。飲酒・喫煙は20歳から、というのは、日本で勝手に決められた日本オリジナルのルールです。

生物学的に19歳と20歳とで飲酒・喫煙のリスクが途端に変わるわけではないということです。

現に、国によって、お酒を飲んでいい、タバコを吸っていい年齢が違います。アメリカは21（一部の州は19）歳、イギリスでは18（ただし、ビール、シードルなどで食事を伴う場合は16）歳、ドイツでは16（蒸留酒は18）歳から飲酒可能です。

人間は食事をしなければ生きていけません。そして、人間はいつか死にます。これは国籍に限らず、生物学上決まっている、不可避の事実です。

しかし、飲酒・喫煙については、そういう絶対ルールはありません。ただ便宜的に「20歳から」としているのです。19歳11か月の人が飲酒NGで、20歳ぴったりの人がOKというのも、便宜上の決まりであって、生理的にはほとんど変わらないわけです。

20歳未満の飲酒を推奨しているのではありません。ルールありきの「禁止されているから悪いこと」と、「悪いことだから禁止されていること」の区別を明確に持たなければいけないということをお伝えしたいのです。

善悪の判断基準のひとつとしての道徳観についても同じことが言えます。もともと、道徳観は絶対的なものではありません。

アダム・スミスは、**「社会の大多数の意見がそのまま道徳観になる」**と説いています。その社会・その時代によって善悪の基準が異なるのは、その場を支配している空気、大衆の意見が異なるからです。

中央アジアのキルギスという国では、女性を誘拐し、そのまま勝手に結婚してしまうという「誘拐婚」の文化があります。ある日、道を歩いていて、突然男に誘拐されたら、そのままその男と結婚しなければいけないわけです。日本ではもちろん、世界でも、この文化に対して賛同する国は少数でしょう。もし娘を誘拐されたら、父親は必死になって探しますし、警察も全力を挙げて犯人逮捕に向かうでしょう。

しかし、キルギスではこれが通例で、罪に問われることもありません。もちろん、キルギスの女性は誘拐されても平気、ということはありません。突然誘拐された少女は、泣き叫び、自分を解放してくれるように懇願します。しかし、その願いは聞き入れられず、そのまま夫婦にされてしまいます。

これほど、〝その場を支配する空気〟の影響は大きいのです。

ただ、だとしたら、私たちが支配されている道徳観も、単に私たちの周りに漂っている〝異様な空気〟なだけかもしれません。だから、それに従うことが必ずしも善とは言い切れないのです。

「無視」こそが最大の敵

「好き」の反対は何でしょうか？　「嫌い」と考える人が多いかもしれません。ですがそうではありません。**「好き」の反対は、「無視」**です。

「既読スルー」という言葉がありますね。LINEやSNSで、メッセージを既に読んだのに、返信せずスルーしていることです。これはそもそも、ビジネスの話ではなく、SNS上での（おそらく）プライベートのやりとりについてしばしば問題にされています。

ビジネス上のやり取りで「スルー（無視）」され、相手から返事がもらえないと問題になることがありますので、ビジネスでスルーされて怒るのは理解できます。でもむしろ、プライベートで「スルー（無視）」されることを気にする人のほうが多いように思います。

それほど「無視」は気になるものなのです。

かつて小泉純一郎元首相が、竹中平蔵氏に言った言葉があります。それは、「悪名は無名に勝る」でした。つまり、〝みんなから嫌われている〟というのは、〝誰からも注目されていない〟、〝誰にも知られていない〟よりも良い、ということです。

この言葉を初めて聞いたときは、単なる政治家の宿命の話をしているのだと思いました。全国的に考えれば、みんなから「好かれる」政治家は、ほとんどいません。地元では支持者がたくさんいても、地元以外の国民から好かれているという人は、ほとんどいないのが実際ではないでしょうか？　そして小泉さんが言った言葉は「政治家は嫌われるものだから、仕方ない」という意味なのかな、と当時思いました。

しかし、ビジネスの経験を積むと、この言葉の意味がより深く理解できるようになりました。小泉さんが言ったのは、単に「嫌われるのは仕方がない。まったく知名度がないよりいいじゃないか」という気休めではなく、「誰からも注目もされないことはまったく意味がない。それだったら、『反対』という反応だったとしても、世の中に対して一石を投じられるほうがいい」ということだったのではないかと思います。

アドラー心理学について書かれた『嫌われる勇気』という本が、大ベストセラーになりました。それだけみんな、嫌われることを恐れ、できるだけ嫌われないように過ごしてきたのだと思います。そして、その「嫌われないようにする生き方」に縛られ、とても窮屈な思いをしていたのだと思います。嫌われてもいい、自分らしく生きたい、もっと楽に生きたいと感じていたからこそ『嫌われる勇気』がここまでの大ベストセラーになったのだと思います。

それだけみんな嫌われないようにがんばり、嫌われないように行動した結果、当たり障りのない無難な道を進むことになります。無難な道には、既にたくさんの人がいますので、無難な道を進んでいれば、ひどく嫌われることはありません。大多数には「賛同」してもらえますね。

ですが、**無難な道に進み、大勢の中に入ったら、みなさんに注目する人は少なくなるでしょう。**まさに「無視」されるわけです。嫌われることはないかもしれませんが、注目されることもなくなり、世の中から「無視」されます。

「好き」の反対は「嫌い」ではありません。「無視」です。

無視されるくらいなら、嫌われても自分の存在価値があるほうがいいのではないでしょうか。となると、誰かから非難されるのは、まったく世間から相手にされないよりもずっといい、ということにもなります。「悪名は無名に勝る」と言い聞かせ、無責任なバッシングをエネルギーに変えてしたたかに前進することもできるはずです。

「説明されないルール」を見抜け

「いよいよ核心……一番肝心な話……このギャンブルにおける「勝ち」とは何か……についてお話しします」

これはエスポワール号で限定ジャンケンの前に利根川が言ったセリフです。それまでにもいろいろなルールを語っていました。でも「『勝ち』とは何か?」、つまり勝ちの定義を〝核心〟と言い、注意喚起をしています。

細かいルールはあれど、そのゲームに勝つためにどうすればいいかがわからなければゲームをやる意味がありません。そしてその前に、そのゲームにおける〝勝ち〟とは何なのかを知らなければ、勝つことはできないのです。

利根川が「勝たなきゃゴミ……」とエスポワール号に乗った参加者たちを鼓舞した

あと、そこにいた多くが感動し、涙を流していました。ぼんやりと生きてきた人々がはじめて「勝つこと」に集中したのです。そして反射的に「勝つぞ!!」と意気込み、勝負を始めていきました。

ただ、大事なのは、闇雲に戦いを挑むことではありません。圧倒的に説明不足のルールを聞いて、それだけでいきなり戦うのは拙速すぎます。もちろん勝負に挑まなければ勝つことはあり得ません。しかし、何も考えずに勝負に挑めば、たやすく負けてしまう可能性も高くなります。

ゲームのルールを知らなければいけません。そして同時に、勝つためのルール（法則）も見抜かなければいけません。

勝つためのルールには、いろいろなものがあります。明示的に表されているものもあれば、**言葉にはされていないもの**もあります。

日本人は、変にまじめなところがあり、「言われていないことはやってはいけない」と感じる傾向があります。でも、実社会では違います。**「言われていないことは、やっていい」**のです。「禁止事項」とされていなければ、構わないのです。

「言わない」というのは、積極的に推奨するかどうかは別にして、「認めている」のです。

これは、現実社会の法律にも当てはまります。法律で「禁止」と書いていなければ、それは違法になりません。そもそも「違法」とは、「法律と違う」と書きます。だから、法律に書いていないものは、違法にはならないのです。

たとえば、2014年の緊急経済対策の一環としてはじまったプレミアム商品券。プレミアム商品券とは、要するにその地域・自治体などで使える金券で、記載されている額面よりも割安で購入できます。たとえば、1000円分の商品券が800円で買えるなどのお得感があります。

プレミアム商品券は、その地域・自治体で買い物をしてもらいたいと思って発行する券なので、切手や図書券など換金性が高く、他の地域でも使えてしまうモノとの交換は禁止されています。

しかし、抜け穴はいくらでもあります。家電や宝石などネットオークションでもすぐに売れるような商品との交換は禁止されておらず、この〝盲点〟をついて、換金目当ての売買が行われたようです。

プレミアム商品券の意図からすれば、これも〝やってはいけない〟ことのはずです。しかし「禁止されていないので、違反ではない」わけです。

また、スポーツの世界のルールについても同様のことが言えます。かつて、鈴木大

だって全ての人間が金を手にしてるんだぜ
これはつまり売買の肯定だ
……となると
必然的にある一つの問題が立ち上がる
いくらで売る……いくらで買うかって問題
船側がこの問題に何の言及もしてないっていうことは
つまり無制限……
いくらでもいいってことだ
1千万でも1万円でもいい
この考えをさらに推《お》し進めていけば
とどのつまり0円……
譲渡も可能ってことだ
問題ない……
つまり売買を肯定した瞬間必然的に
譲渡も認めることとなる……
はあ……
オレ……なんとなくわかってきた
……

勝つためのすべてのルールを説明してもらえるとは限らない。勝つためには裏のルールを知る必要があると、カイジも気づいた。

地選手が、ソウルオリンピックで金メダルを取りました。彼が金メダルを取ったのは背泳ぎです。ただ、このときの彼の泳法が物議をかもしました。

彼はこのとき、バサロキックで50メートルプールの半分以上を泳いでいたのです。背泳ぎなのに、水面になかなか出てこない。

海外からは「ずるい！」と批判する声も上がりました。

なるほど、たしかに背泳ぎとは少し違う泳ぎ方かもしれません。しかし、当時のルールブックにバサロ禁止とは書かれていませんでした。たとえ「ずるい」と言われても禁止と書いていないものは、やっていい。それがルールです。

真正面からぶつかる横綱相撲だけが相撲ではありません。自分が使えるあらゆる手を使って、勝ちに行くのが勝負です。

勝負に勝つためには、勝ちとは何かを知らなければいけません。そして、勝つための方程式、勝つ確率を高める作戦が必要です。ただしそのために取りうる選択肢は明示されているとは限りません。むしろ**示されていないルールに勝ちへのカギがある**のです。

卑怯なマネをしろと言っているのではありません。バカ正直に真正面からぶつかるだけが勝負ではない、結果を出したいのであれば「したたか」に勝ちへの道筋を自分で探っていくしかない、ということなのです。

「出口」から逆にたどると簡単にゴールできる

迷路を簡単にクリアーする方法があります。それは、**ゴールからスタートに戻ってみること**です。多くの迷路は、スタートからゴールに向かったときに、道がややこしく見えるようにできています。しかしその一方で、ゴールからスタートを見たときには、おどろくほど〝一本道〟です。

人生も同じです。今いるスタート地点から、ゴールとなる目的地点に行こうとすると、いろんなダミーの道や、惑わせる道があります。そのためなかなか思うように進めません。しかし、ゴールから考えてみると、やらなければいけないことが、驚くほどよく見えます。

ゴールにたどり着くためには、この能力と、この知識が必要で、このような経験をしておかなければいけない。そのために、今はこれをやろう、と見えてくるのです。

カイジは、エスポワール号の中で、一見すると運否天賦の勝負をします。そして、

図2 【ゴールからたどれば迷わない!】

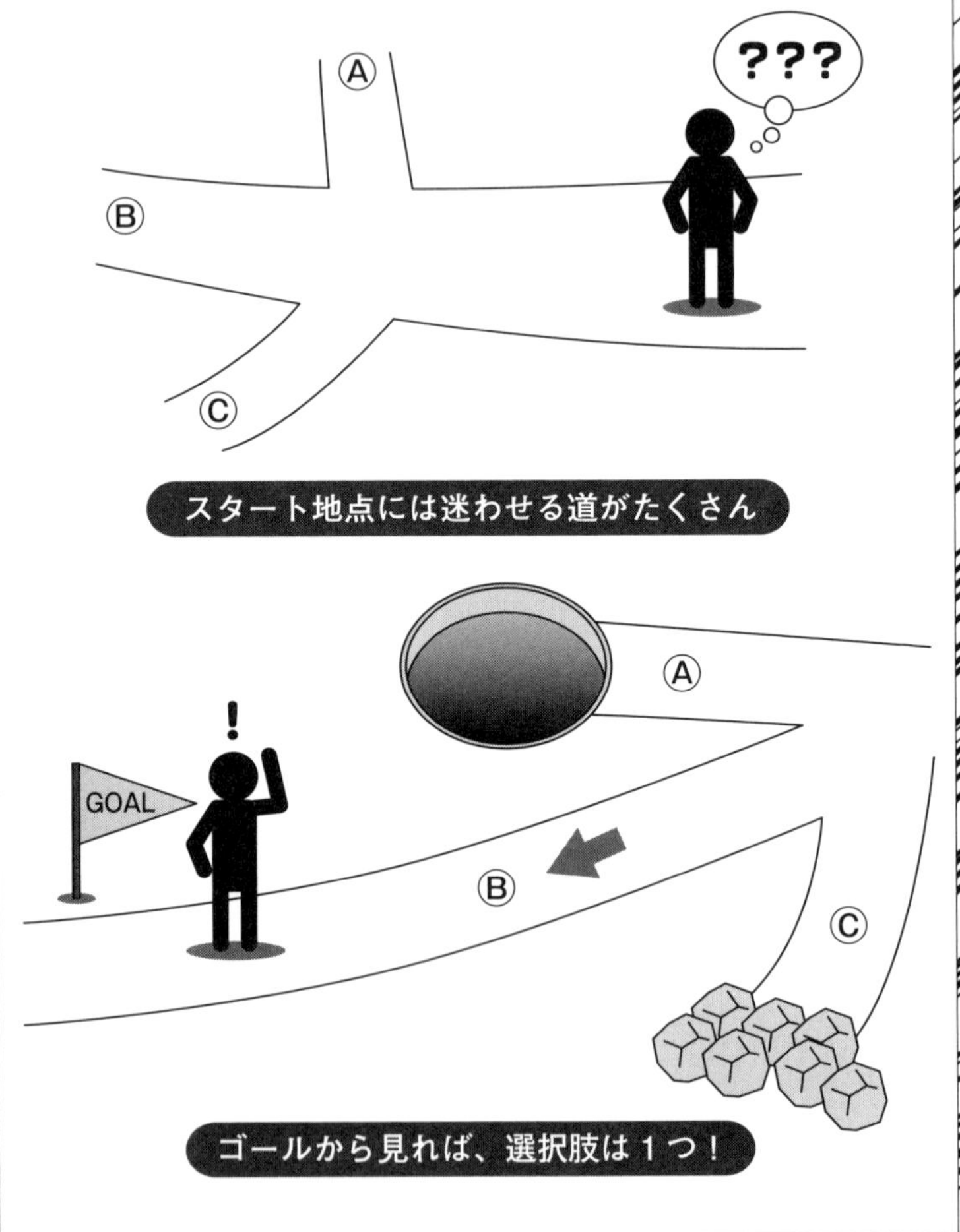

負けてしまいます。しかしこれは、次のターゲットである船井と戦うためのステップでした。

このとき、船井と戦えば、カイジは勝利が確実でした。船井と勝負すれば勝てる、そしてその〝出口〟が見えていたために、その前の勝負はどうでもよかったわけです。一方、出口を見ていない古畑と安藤は、カイジが無謀に勝負に出たと勘違いし、狼狽していました。どちらが、最終的に強いか、言うまでもありません。


ビジネスを設計するときもこの考え方は役に立ちます。

仕事をするとき「目的を明確にせよ」と言われることがあります。ただ、**目的を明確にしても、問題が解決されないことがあります。**というのは、設定された目的そのものが正しくなければ、いくら明確にしたところで、間違った道を行くことになるからです。

たとえば、サラリーマンのうち、〝仕事のための仕事〟をしている人がいます。〝仕事のための仕事〟とは、お客さんに喜んでもらう（価値を生む）ためではなく、組織を維持するための仕事だったり、惰性で続いているような類の仕事です。社内の根回しのための会議や、上司の残業に付き合って仕事をしているフリをしているときなどは、この〝仕事のための仕事〟になるでしょう。

ただ、やっている当の本人たちは、いたってまじめです。嫌味で言っているのではなく、渦中にいる本人たちは、自分の仕事を全うしようとしているだけです。

とはいえ、それが本質的な価値をつくっているかと言われるとそうではありません。いくら社内の根回しをうまくやったところで、お客さんはまったく喜びませんし、商品の質は1ミリもよくならないからです。

つまり、目的が正しくなかったわけです。社員が自分の仕事の目的は「根回しをうまくやること」と考えていたら、なかなか本当の意味での成果を上げることは難しくなります。

ですから、「目的」ではなく、「出口」から考えるのです。

出口を考えるとは、**この仕事が自分の手を離れるときに、どうなっていればいいか**を考えるということです。

たとえば、こういうこと。

誤った目的：「お客さん向けの提案書を書く」

正しい出口：「この仕事が終わったときに、お客さんが商品のことをよく理解している」

→そのためには、何をすればいいか、必ずしも提案書を書けばいいわけではない。提案書を書かなくてもいいかもしれない。

誤った目的：「市場調査のために1000人にウェブアンケートを実施する」
正しい出口：「消費者の本音を聞く」
↓店舗の前で数人にヒアリングするだけでいいかもしれない。

要するに、自分がその仕事、その行動を「何のために」やっているのかを捉えていかなければならないということです。そして、成し遂げたいことから逆算して、「結局、何がどうなればいいのか」を考えていきます。それが「出口から考える」ということです。

そして、出口から考えていけば、**それまで当たり前のように実施してきた行為が不要となるかもしれません。**出口から考えていけば、最短ルートが見えるのです。

今いるスタート地点からゴールまで何も考えずに行こうとすると、すべての可能性を検討し、すべての〝役に立ちそうな〟行動を実行してみなければなりません。ですがそれではいくら時間があっても足りません。本当に大切なのは「すべての可能性を検討すること」ではありません。出口から見て、必要なステップだけ踏めば、それでいいはずです。

出口から考える、という発想を持てば、より早く、より手間をかけずに、つまりより効率的に得たいものが得られます。

怒りこそ、チャンスを失う最大の要因である

したたかになるために、欠かせないことがあります。それは**「無用な怒りを捨てる」**ということ。

裏カジノの支配人・一条※注17は決してエリートではありませんでした。帝愛グループではトイレ掃除から始め、兵藤会長の嫌がらせにも耐えながら積み上げて積み上げてやっと支配人にまでたどり着いたのです。

カイジと戦っているとき、一条はかつて高校の同級生からバカにされたときのことを回想しています。ファミレスで就職先を聞かれ「カジノ」と答えた一条をみんなが馬鹿にしました。一条がトイレに立つと、みんな言いたい放題で、「俺らは勝ち組、

一条はバカ」とこけおろします。

一条は、それをトランシーバー経由でトイレで聞いていました。しかし、怒りませんでした。なぜか？　一条は、したたかに将来の〝勝ち〟を目指していたからです。いつか自分の足元で泣いて助けを求めてくる同級生を涼しい顔をして見捨てる、という〝勝ち〟を目指していたのです。一条が目指したことがいいとは私は思いませんが、勝つために感情に流されないところは立派だと思います。

一条はその場で、同級生たちに殴りかかることもできたでしょう。ですが、もし警察沙汰になればその場で帝愛グループでの立場を失いかねません。帝愛グループは、ミスをした人間に対し冷徹です。ましてや下積み中の一条など、すぐに切られてしまうでしょう。

怒りに任せて行動し、その場での気は晴れたとしても、それでは〝勝つ〟ことができません。**その場ではあえて負けておきながら、勝つ機会に向けてしたたかに前進していく。**そういう人間が本当に強いのだと思います。

カイジが地下で大槻の不正に気づいたときも同じです。

チンチロで大槻がイカサマをしていることに気づいたカイジは、部屋から飛び出し、大槻を見つけます。拳を握り締め……ますが、そこで踏みとどまります。

「殴ってどうなるっ………!?」

カイジの目的は、殴って悔しさを晴らすことではありません。悪党の大槻がイカサマで巻き上げたお金を奪い返し、大槻を破滅させることです。だとしたら、イカサマの現場を押さえなければいけません。また、過去にさかのぼってイカサマをとがめなければいけません。殴れば大槻にダメージを与えることはできるでしょうが、カイジの目的は逆に達成できなくなります。

その場の悔しさを晴らすのと、目的を達成するのと、どっちが大切か？　という話です。

「怒りは何も生まない」「怒ってはいけない」という説教をしたいのではありません。その怒りがどうでもよくなるくらいのしたたかさを持っていれば、もっともっと強くなれるということなのです。

※注17：帝愛グループが運営する裏カジノの支配人。原作では長髪のイケメンで、映画版では伊勢谷友介さんが演じている。トップの兵藤会長には「顔が気に入らない」という理由で陰湿な嫌がらせも受けたが、耐え忍んで出世していった。「沼」という一玉4000円の伝説のパチンコ台を武器に、カイジ

許してたまるかっ……！
ぐっ……！
うっ……！
ううっ……！
くっ……！
しかし……
しかし
しかし……
殴ってどうなるっ……!?

カイジはどちらかというと短気な男だと筆者は思う。しかしここぞというときに「怒り」を抑えることができる。自分の感情をうまくコントロールできることもしたたかさのひとつだ。

と勝負するも敗れて失脚する。しかし真剣勝負を戦ったカイジとの間には友情のようなものも芽生えていた。

「カンニング」こそが生き残る術

「あいつは、人のマネばかりしている」

「苦労して自分が考えた方法を、あの会社にパクられた！」

そんな嫌な思いをしたことがある方は多いと思います。

たしかに、正々堂々と、真正面から勝負をするのが〝正しい戦い方〟でしょう。

私たちが経験してきた学校教育や受験戦争では、人の答えをパクることは許されませんでした。それはカンニングで、受験であれば、その場で受験資格を失うほどの重罪です。ひとりで、自分の力だけで、戦うことを求められてきたのです。
ですが、ビジネス社会は違います。
ビジネスでは、**うまくいっているものはパクらなければ、逆に非難されます。**

ビジネスでは、うまくいっている競合企業をまず分析します。もちろん、特許など、保護されている権利を侵害してはいけません。しかしほかの企業が行ってうまくいったことを自社に取り入れることは〝当たり前〟の話で、それを「カンニングした！　ズルい！」と非難する人はいません。

「ビジネスはTTP」という言い方があります。「TTP」は、「徹底的にパクる」の略です。それほど、他人をマネることは当たり前のことで、逆にそうしなければ生き残っていけないのです。

経済学では、この世の中を**〝完全情報の世界〟**と仮定しています。〝完全情報の世界〟とは、すべての人間が、すべてのことを知っている世界という意味です。たとえば、レストランで食事をするときは、「どこのお店で何が売っていて、それがいくらで、どれくらいおいしいかをすべて知っている」ということです。つまり、情報が完全に広まった後の世界を想定しているのです。

そして、経済学をつくったと言われるアダム・スミスも、『資本論』を書いたカール・マルクスも、資本主義経済では、**「うまくいった方法は世の中にどんどん広まっていく」**ということを前提に理論をつくっています。つまり、いいものはパクられることが前提なのです。

ビジネスは戦いです。そしてその戦いは、かつての武将同士の一騎打ちのような「1対1で、まずお互いに名乗ってから」という類の戦いではありません。ビジネスでの戦いは、例えるならばゲリラ戦。敵がどこにいるのか、どのくらいいるのか、そもそも誰が敵なのかわからないまま、前に進んでいかなければならないことさえあります。

だから、こちらの準備が整っていないうちに、不意打ちを食らうこともありますし、思ってもみない方向から敵が攻めてきて、奇襲されることもあります。

自社で一緒にがんばってきた部下が、独立してまったく同じビジネスを始めることもあるでしょう。これまで協力してくれた企業が、明日からライバルになることもあります。

みんなそれぞれが、ライバルより少しでも前に出ようとがんばり、ライバルを出し抜こうと必死になって考えています。

そのときに、「一緒に戦おうって約束したのに、あいつが途中で裏切った！」と泣

問題は何もない
は……？
何もないって……その……
ここはおまえらが
後人生《のちじんせい》を賭け
死力を尽くしてる
言うなら
戦場だ……
戦場で
後ろから撃たれた後ろから……と
騒ぎたてる兵士がどこにいる……？
いたら物笑いの種にされるだけだろう
戦場では
だまし打ち不意打ちが
日常……

限定ジャンケンで船井に騙され怒るカイジ。しかし帝愛グループの男にたしなめられる。現実社会ではどんな卑怯な手を使われても文句が言えない。自分の身は自分で守るしかない。

いても、「不意打ちとは卑怯なり！」と言っても誰も同情すらしてくれません。

人間社会は信頼関係で成り立っています。しかしそれは**「常にあなたの都合がいいように相手が動いてくれる」ということではありません。**まさに「世間というものはとどのつまり、肝心なことは何一つ答えたりしない」という利根川の言葉の通りなのです。

相手の考えをしたたかに取り入れる

ビジネスはＴＴＰが定石です。

ですが、その逆を行く人が実際に多くいます。つまり、「〝自分の考え〟は、１００％オリジナルでなければいけない」「人と違ったものでなければいけない」と考えている人が多い気がします。ですがそれは誤解です。

そもそも、私たちが出す意見・考えが人と違うものでなければいけない、という決まりはありません。自分でしっかり考えたあとであれば、「〇〇さんと同じ」でもまったく問題ないのです。

私たちに必要なのは、誰かの考えやアイデアをベースにして、それに同調すること、反対することです。もしくは、そこからさらにいいアイデアを出したり、それとは違う視点で考えを提示したりすることです。

だから常に「他人の考えを〝刺激剤〟にする」、つまり他人の意見を取り入れて、それを自分の感想・判断の参考にするという考え方を持ってください。

新商品の企画を出すときも同じことが言えます。

アップル社はiPhoneを〝発明〟しました。しかし、タッチパネルを発明したわけではありません。携帯電話を発明したわけでもありません。さらに、音楽を持ち歩くという発想は、ソニーの盛田昭夫氏がウォークマンを開発したときに、社内の反対を押し切って実現したアイデアでした。

そういう観点で考えると、iPhoneがゼロからの〝発明〟ではなかったことがわかります。どんなアイデアや考えでも、まったくのゼロから生み出されたものは、ほとんどありません。

自分の考えを伝えるときに、完全オリジナルである必要はないのです。誰かの意見を参考にして「そういう見方もあるね。それに賛成」でもかまいません。また、そこから「それを聞いて新しいことを感じたのですが……」と自分の別の考えを伝えてもいいのです。

自分の考えが浮かばないときには特に、他人の考えをよく聞いてみることです。

今まで誰も考えつかなかったような新しい考えを思いつくのは、ノーベル賞ものの大発明と一緒です。ひと握りの天才にはそれができるのかもしれませんが、一般の人がなせる業ではありません。また、求められていることでもありません。

「自分の考え」というものに対してのハードルはもっと低くていいのです。積極的に、誰か別の人の考えに触れることで、それを〝刺激剤〟にして出てくるものです。

「自分の意見が言えない」と悩んでいる人も多いと思いますが、人の意見をしたたかに取り入れ、そこから自分の考えを引き出し、固めることの繰り返しが自分の意見を発信する力を鍛えるのです。

成功者は今も、もがいている

成功者は、かつてたくさん失敗をしてきた。

このフレーズは、半分正しく、半分間違っています。成功者が過去にたくさん失敗をしてきたというのは、ほとんどのケースで正しいでしょう。しかし、成功者が失敗を犯したのは過去だけで、現在はまったく失敗していないと考えるのであれば、それは間違いです。

成功者は、現在進行形で、いろんな失敗をしています。「試行錯誤」と言ったほうがいいかもしれません。いずれにせよ、成功者が成功ばかりしていると思ったら大きな勘違いです。

白鳥は優雅に泳いでいるように見えます。しかし水面下では、一生懸命バタ足をしています。表向きは冷静に、優雅にふるまっていても、人が見えないところで必死に

もがいています。

ビジネスでも同様です。私たちが目にするのは、完成された状態です。また、私たちが目にするのは、表に出てきた、予定通り結果が出たものだけです。結果が出ない失敗案件は、表に出てきません。そのため、失敗していることが見えません。しかし誰もが、確実に失敗しています。

兵藤会長はカイジに対して「一度負けたくらいでなんだ？」と開き直りとも思える発言をします。成功者でさえ、日々失敗しています。兵藤会長を成功者と定義することはできませんが、この言葉の本質は正しいと感じます。

ましてや、自分が道半ばにいたらなおさらです。目標に達していないうちから、ジタバタするのはカッコ悪い、もがいている姿を見られたくない、失敗したくない、と考えていたらどうなるか、推して知るべしです。

エジソンが自らの失敗を〝学び〟と定義していたことは、有名な話です。電球を発明するまでに1万回失敗していたにもかかわらず、「失敗はしていない、うまくいかない方法を学んでいるだけだ」と彼は考えていました。

ただ、さらに大事なことは、エジソンは、**成功者になってからも、数多くの失敗を**

兵藤との勝負に敗れ満身創痍の姿でもカイジは既に次の戦いを思い描いている。しかも「次は勝つ」と。「負け」や「失敗」から学べる人は本当に強い。我々も一度負けても胸を張って次の勝負に賭けたいものだ。

していたということです。エジソンの息子は、エジソンの知名度を使って、あろうことか詐欺を働きました。

またエジソン自身は、超有名人だったにもかかわらず演説が苦手で、人前に出て「本日はようこそお越しくださいました」とだけ言って壇上から降りたというエピソードも残っています。

うまくいっている人でも、たくさんの「うまくいかないこと」を経験しています。連戦連勝しているわけではないのです。

少し失敗したり、うまくいかないことがあったくらいで、「やっぱり自分はダメだ」と思ってしまう人がどれだけ多いことでしょうか？

エスポワール号で、〝別室〟に堕ちたとき、石田さんはその場であきらめました。「今さらどうしようもない」と。ですがカイジはあきらめませんでした。その場でもがき、悪あがきをし、なりふり構わず生き残る道を探りました。

ここで〝潔く〟あきらめてしまうか、最後の最後まで勝つことにこだわりつづけるか、それが結果を変えるのです。

ボロ‥ボロ‥ボロ‥
……こんなことが……
こんな逆転が……
起こりうる……
起こりうるなんて……
こんな地の果ての穴蔵《あなぐら》みたいなところでも……
……こんな逆転が……
ボロ… ボロ… ボロ…
諦《あきら》めなければ………

限定ジャンケンに敗れ別室に落ちたカイジ。しかし、絶体絶命の中でも生き残る方法を見つけ出した。カイジのあきらめない強さに石田さんは驚く。

完璧主義では生き残れない

「魂は細部に宿る」という言葉があります。

誰も注目しないような細かいところにこそ、つくり手の魂、理念、思いが現れるという意味で、徹底してこだわりぬくことの大切さを説くときに、よく使われるフレーズです。

職人気質、ものづくり気質の日本人には、非常にしっくりくる言葉で、「魂は細部に宿る」に対して、全面的に反対する人は少ないと思います。

手掛けたものの質を上げていく、思いを詰め込むことはとても大切で、だからこそ消費者に選ばれる商品がつくれるのだと思います。商品をつくり上げる立場にしたら、圧倒的な正論で、「そこまでこだわらなくていい」というようなことを口にする人がいたら「もっとまじめに考えなきゃいけない」と叱責するでしょう。

しかし一方で、この言葉によって苦しんでいる人がいるのも、また事実だと思います。この言葉は、ともすれば「何事も、非常に細かい部分に至るまで完璧でなければいけない」という意味になるからです。そして、そう感じてしまった人は、細部に魂を宿すまで次の行動が取れなくなります。「自分はまだ準備ができていない」と感じ、行動ができなくなってしまうのです。

たとえば、転職を考え、新しい仕事にチャレンジしたくても、「今の自分でいいのか？」「この証明写真でいいのか？」「自己ＰＲは完璧に書けたか？　魂は宿っているか？」などと考えていたら、とても応募なんてできません。

あるいは、何か新しいビジネスのアイデアを思いついたけれど、不確定な要素がすべてなくなるまで、自分の準備が完璧に終わるまで、寝かせておこうと考えたとします。すると、同じようなビジネスで別の人が先に成功してしまいます。

世の中では「早く出した人」が勝ちです。「完璧を目指していて出すのが遅れましたが、思いついたのは私が先です」という言い分は通用しないのです。そして、既に述べた通りですが、すぐれたアイデアは必ずマネをされます。どれほど苦労して完璧を目指してもすぐにマネをされてしまうのです。

経済学には、**「収穫逓減」**という法則がありますが、これも完璧主義の呪縛を解くために重要な考え方のひとつです。

収穫逓減の「逓減」とは、「だんだん減っていく」ということ。**同じ努力、同じ時間、同じコストをかけても、得られるもの（収穫）は一定ではなく、「だんだん減っていく」**ということです。

たとえば、同じ畑で作物を生産すると、生産量がだんだん減っていきます。1年目は100トン収穫できたとしても、2年目は80トン、3年目は70トン……というように徐々に減っていくのです。

また、たとえばクライアント向けの提案書を書くとします。最初の1時間で提案の大枠をつくり、提案書の50%が終わったとします。しかし、次の1時間で100%完成するわけではありません。行う作業がどんどん細かくなり、同じ時間をかけても、できる仕事量が減っていくからです。

インターネットサービスの分野では「ベータ版」という非常に優れたコンセプトがあります。「ベータ版」とは要するに、「試作品」のことです。つまり、「まだ完璧じゃないけど、世の中に出しちゃいます。完璧じゃないから、いろいろトラブルもあるかもしれないけど、許してね」ということです。

そして、予想通り、いろいろなトラブルが発生します。でもそのトラブルを解決しながらどんどんサービスを磨いていくのがこの「ベータ版」というコンセプトです。「早く出した者の勝ち」というビジネスのルールに則った戦い方であるということができると思います。

細部に魂が宿っているのはすばらしいことです。でも、細部に魂を宿すことを考えるあまり、それを世の中に出せなくなってしまうのは、本末転倒です。

石橋を叩いてばかりでは前に進めない。

自分のアイデアが不完全であることが見えていて、そこを突かれたり、批判されることがわかっていても、**ある段階で覚悟を決めて表に出し、行動しなければいけません。**それが、これからの世の中を生き抜いていく術なのです。

〝わらしべ長者〟から「自分の価値」を増やす方法を学ぶ

「自分には何もない」そう嘆く人がいます。

自分の人生にはあまり満足しておらず、もっともっとステップアップしたいと考えています。しかし、何をしていいかわからず、ひとり悶々としているという人がとても多くいるのです。

「お金があれば、海外留学してキャリアアップできるのに……」
「人脈があれば、こんなとき誰かが助けてくれるのに……」

自分には何もない、だから何のチャンスも得られないと感じているわけです。しかしそれは誤解です。日本には「わらしべ長者」という、すてきな昔話があります。『今昔物語集』や『宇治拾遺物語』にその原話が見られるようですが、誰もが一度は耳にしたことがある昔話のひとつでしょう。

あるひとりの貧乏人が最初に自分が持っていた「ワラ」を、物々交換で、いろんなものに換えていきます。そして最終的には大金持ちになったというストーリーです。

このわらしべ長者は、今の世の中をしたたかに生きるために、とても強力な考え方を私たちに与えてくれます。

それは、**既に自分が持っているものを活用することで、新たなお金・資産を費やさずに、目的のものを手に入れる方法がある、**ということです。

マーケティング業界では、これを〝バーター取引〟と呼んだりします。〝バーター取引〟とは、「これをあげるから、それをちょうだい」というお金を使わない取引のことを指します。本当であれば、相手のものを手に入れるにはお金を支払わなければいけませんし、自分が持っているものを相手に渡すにはお金を受け取ります。でも、お互いに相手のものを買うんだったら、お金を払わなくても問題がないので、物々交換にしましょうということです。

バーター取引というと、基本的に〝等価交換〟を思い浮かべます。「私が持っている50万円の商品をあげるから、あなたの100万円の商品をちょうだい」といって、成立するはずはないからです。

ところが一方で、わらしべ長者は、等価交換では意味がありません。等価交換だとしたら、何度交換しても、最初に持っていた「ワラ」と同等の価値のものしか手に入れられないはずです。

わらしべ長者は、物々交換をしていくうちに、いつの間にか億万長者になりました。どんどん価値が増えていったということです。ですが、冷静に考えて、差し出すものより受け取るものの価値が小さければ、交換に応じるはずはありません。

一体、どういうことなのでしょうか？

この秘密を解くカギと、私たちがわらしべ長者になるポイントは、『資本論』に書いてありました。

取引にはつねに〝盲点〟がある

わらしべ長者の秘密を明らかにするためには、「交換法則」を知らなければいけません。私たちはお金を使って日々買い物をしています。しかしかつてはお金を使わず、物々交換をしていました。

物々交換は、物と物を交換するだけで、非常に単純な取引に見えます。ですが実際はとても複雑な仕組みで成り立っています。物々交換が非常に複雑で面倒なので、「お金」というものが登場してきたわけです。

何がそんなに複雑なのか？

一言でいえば、

- 自分がほしいものを相手が持っているとは限らない。
- 自分が持っているモノの価値を、相手が〝正当に〟評価してくれるとは限らない。

ということです。

お金を使った取引であれば、自分が持っている商品をまずお金に換え、そのお金で自分がほしいものを買うことができます。だから、「相手が持っているものが気に入らない」ということにはなりません。物々交換の場合は、

・相手は、自分がほしいモノを持っていて

・かつ、自分が持っているモノをその相手がほしがってくれる

そんな人を探さなければいけません。

自分がほしいモノを持っている人は、すぐに見つかるかもしれません。ですが、あなたが代わりに差し出すモノに価値を感じ、交換に応じてくれるとは限りません。これが非常に難しいのです。

そしてもうひとつ。物々交換は、原則的に「等価交換」でなければ成立しません。「私が持っているジュースと、あなたが持っている家を交換してください」という打診は、そもそも許容されません。

相手から奪う強引な取引でない限り、お互いが納得し、合意しなければいけないんです。

ただし、そう考えると不思議なことがあります。「等価交換」であるということは、交換前と交換後でも、自分が持っている価値は変化しないということですね。で

はなぜ交換をするのでしょうか？　交換に応じてくれる相手を一生懸命探して、やっとの思いで交換するのに、交換後の価値が変わっていない。なぜみんなそんなことをするのでしょうか？

じつはここにわらしべ長者の秘密がありました。

物々交換は、等価交換です。「等価」だからこそ、お互いが納得して取引をします。ただポイントは、**「価値の尺度が違う」**ということです。自分が持っている商品の見方と、相手が持っている商品の見方が違うんです。

どういうことか？　簡単に言うと、

・自分が持っている商品は、「それを手に入れるのにどれだけ苦労したか」で測っている。

・相手が持っている商品は、「それがどれだけ役に立つか」で測っている。

ということです。

自分が交換で差し出すモノは、自分が失うモノ・手放すモノです。そしてその価値は「自分がどれだけ苦労して手に入れたか、いくらで買ったか」で見ています。

かつて私は、家の近くの古道具屋さんにトーテムポールのような置物が売られているのを目にしました。そしてよく見ると、そのトーテムポールは１００万円の値付けがされていました。何の変哲もないトーテムポールです。

どれだけ珍しいものなのかと思い、そのお店の店主に１００万円の理由を聞いたところ、彼が答えたのは、「昔、知人から買った値段が１００万円だったから」と言いました。そして「大きいから場所をとってしまう。邪魔だから早く売りたい」とも言っていました。聞いたところ、特に希少価値があるものではないようで、プレミアがついているわけでもありませんでした。

つまり、ただの大きな置物なんです。それなのに１００万円なんです。理由は「買ったとき、高かったから」。「そんなこと、知らねぇよ」と思うでしょう。

でも、同じようなことは私たちも経験しています。苦労して手に入れたものは、たとえそれが全然使えなくても（無意味であっても）手放すときには、もったいなく感じてしまいます。つまり私たちは、自分が手放すモノを「苦労（それを得るのに費やした苦労）」で測っています。

ですが一方で、他人が持っているモノを見るときには違う見方をします。相手が持っているモノは、「それが、自分にとってどれだけ役に立つか」で価値を測っています。つまり、自分が得られるメリットで測っているわけです。

それに対して、相手が「これ、苦労して手に入れたから、高く買ってもらいたい」と言っても、「そんなの知らないよ。私には関係ない」と答えるでしょう。

このように、自分のモノと相手のモノは同じ基準では見ていないわけです。物々交換においては、そもそも交換相手を探すのも難しいのに、さらにお互いの価値尺度が違うというわけです。

仮に、2人が同じように苦労して手に入れたものを交換しようとしても、交換が成立するとは限らないのです。これはとても大きなポイントです。

だから物々交換はとても面倒くさい。そのため、お金がなければ現実社会が回っていかないのです。

ですが、このように面倒くさい構造で交換がされているからこそ、私たちがわらしべ長者になる可能性が芽生えてきます。

「メリット」は相手が決めるものである

わらしべ長者が、なぜ「ワラ」からスタートした単なる交換で、大金持ちになったかといえば、それは自分が持っているモノをほしがっている人のところに行き、別のものと交換したからです。

わらしべ長者になりたいと思っている人は多いかもしれませんが、実際に手にしたワラを何か他のものに交換できる人は、ほとんどいないと思います。ワラは、一般的に考えると雑草と変わりません。つまり、ゴミです。そのゴミをわらしべ長者の発想で何かに交換しようとしたら、何と換えられるでしょうか?

雑草です。田畑にいけば落ちているゴミです。交換を持ちかけるときに、堂々と「これと、あなたが持っている、それを交換してください」と言えるでしょうか?

かなり難しい発言です。しかしそれを言わなければいけません。

自分にとっては何の価値もないゴミですが、もしその〝ゴミ〟を必要としている人がいたら交換できるはずです。

相手がこちらのモノを見るときは、相手が感じるメリットでしかそのモノの価値を計っていません。こちらがどれほど苦労して手に入れたかは、関係ないのです。それは逆にいえば、私たちがいともたやすく手に入れたモノであっても、**相手にメリットがあれば交換してもらえる**ということでもあります。そこを突くのです。

日本人は、贈り物をするとき、「つまらないものですが」と言います。一方、アメリカでは、「これはすごいものだ」と言ってプレゼントするようです。そしてもし、アメリカで「つまらないものですが」と言ってプレゼントをすると、相手は「つまらないものを贈るとは何事だ！」と怒る、という話を聞きました。

もちろん、日本では謙遜しているだけですが、言葉だけを捉えれば、〝つまらないもの〟を贈るのは失礼です。

そして、日本では、この謙遜のフレーズが板につきすぎて、自分が持っているものを過小評価する傾向があるように思います。つまらないものかどうかは、相手が決めるということを頭の隅に入れておくことも大事です。

自分が楽に手にしたもの、あまり苦労せずに受け取ったものは、価値を低く見積もる傾向があります。それは経済学的には自然なことです。でも、わらしべ長者になりたいのであれば、その見方は改めなければいけません。大切なのは、相手が感じるメリットです。それさえあればいい。

自分では大したことないと思っているものが、意外な価値を認めてもらえることも十分あります。自分自身にとって、わらしべ長者になれる資産が何か、振り返ってみてください。

第6章

「自分の価値」は自分で決めろ

〝ゴール〟を決めれば自分の「時間」と「エネルギー」を守れる

「したたかに生きる」とはどういうことでしょうか？　それは決してずる賢く生きるという意味でも、他人を騙して自分の利益を不当に得ることでもありません。

自分の目的・願望を明確にし、それを達成するために強く生きるということです。

本当は嫌なのに、他人からお願いされて断れなかったことはありませんか？　建前や世間体を気にして、自分の思いを犠牲にしたことはありませんか？　もしかしたら、みなさんはまじめすぎるのかもしれません。もしくは、ご自身の中に「他人の意見に従わなければいけない」「他人の期待に応えなければいけない」という、何か脅迫観念のようなものがあり、そこから抜けられずにいるのかもしれません。

人間は社会の中で生きる動物ですから、周囲との関係性を無視しては生き延びるこ

とはできません。そしてもちろん、他人からの「要望」に耳を傾けることもときには必要でしょう。でもそれはみなさんが**「したたか」に生きていることを前提**にしなければいけません。

他人から頼まれたからと言って、自分を犠牲にする必要はないのです。

「いい人だと思われたいから、人の頼みを断れない」と考えていたとしても、周囲がみなさんを「いい人」と思ってくれるかはわかりません。「いい人」ならぬ「どうでもいい人」と捉えられているかもしれませんし、さらには面倒なことを押し付ける「いい〝カモ〟」にされているかもしれません。

だから「したたか」に生きてほしいのです。

「したたか」に生きるために最も重要なことは、自分がほしいもの、自分が目指しているものを明確にして、他人に振り回されないことです。

自分が望んでいるものがよくわからなければ、それを得ることはできません。よくわからないから人の意見に振り回されるのです。言われてみれば当たり前のことですが、しっかりと意識している人は本当に少ないと思います。

たとえば、何か人から頼まれごとをされ、それを受けるとします。そのとき、みなさんの時間、エネルギーが相手のものになります。もしかしたら、相手のためにお金を使うかもしれません。

相手のために金銭的なコストを負担することがあれば非常にわかりやすいですが、そうでなくても、みなさんの資産・貴重な資源を相手のために使っていることになります。時間もエネルギーも貴重な資源です。

自分の時間とエネルギーを何に向けるかで、自分が成し得るものが決まってきます。それを他人のために割いているわけです。

誤解がないようにお伝えしますが、他人に貢献することは大切ですし、人は助け合いながらでなければ生きていくことができません。ですが、それはみなさんが自分の意思で行うものであって、他人からえぐられ、奪い取られるものではありません。

カイジが沼（170ページ注17参照）に挑むとき、坂崎[※注18]から条件を提示されますが、それを断ります。そして一見、要求しすぎとも思える「出玉の10%」を提示し、これ以上は譲れないと強く交渉します。

なぜこの交渉ができたのか？　それは、あらかじめカイジの目標金額が決まっていたからです。カイジは地下にいる45組を救わなければいけませんでした。そして、彼らを救うのに必要な金額がわかっていました。だから自分のラインを守れたのです。

もしあのとき、カイジが具体的な目標金額を決めていなかったら、最初に坂崎が提示した条件を飲んでいたに違いありません。

※注18：地下から一時の脱出を果たしたカイジを匿《かくま》った人物。借金のせいで出て行った妻と娘を家に呼び戻すため、カイジとともに「沼」に挑む。

自分との約束をまずスケジュールに書き込む

決めておかなければいけないのは、「金額」や「条件」だけではありません。あなたの「予定」も決めておかなければ、どんどん他人にスケジュールを埋められてしまいます。

たとえば誰かが「相談があるので、会ってください」と言ってきたとします。「○月○日はどうでしょう？」とも添えられています。

その日のスケジュールを確認すると、自分の予定は何もありません。そこでみなさんは「空いているので、ＯＫ」と返事します。

ここで注意しなければいけないのは、自分の時間の使い方です。

自分のスケジュールは空いています。でも、予定が空いているから、相手の希望を聞くというのは、まだ使う予定がないお金が銀行口座に残っているから、それを相手にあげるというのと基本的に何も変わりません。

非常に意地悪な言い方をすれば、他人の相談に乗るということは、他人に自分の時間を使われてしまうということです。

「時は金なり」と考えれば、時間もお金も同じです。まだ使うアテがないからと言って、他人にほいほいあげていいわけはありません。

お金と同じで、寄付してもいい相手・案件であれば、自分の時間を寄付すればいいし、奢っていいと思う相手だったら、どんどん相手のために時間を使えばいい。でも、そうではない相手に時間を取られていませんか？

どうでもいい相手が、あなたの財布から「ちょっとちょうだい」とお金を抜こうとしたらかたくなに拒否しますよね。時間も同じように扱うべきです。

ただし、他人があなたの時間を奪っていくのには、あなた自身に責任があります。自分の「予定表」が空白になっているから奪われてしまうのです。自分の予定表に何も書いていないので、「空いているから」といって、その場その場で言われた他人の予定を入れ込んでしまう。そして、他人の予定をこなすことで忙しくなり、「時間がない」と愚痴をこぼしています。

まず自分のスケジュールを「予定表」に書き込まなければいけません。自分が大事にしていること、自分が大切に思っていることを、真っ先に予定に入れ、時間とエネルギーを確保しなければいけません。他人に寄付したり、奢ったりするのは、そのあ

とでいいのです。

この教訓を学ぶのにとても興味深い話を見つけたので一部を引用します。

〜・〜・〜・〜

ある大学で、こんな授業があったという。

「さあ、クイズの時間だ。」

教授はそう言って大きな壺を取り出し、教壇に置いた。

その壺に、彼は一つひとつ石を詰めた。壺が一杯になるまで石を詰めて、彼は学生に聞いた。

「この壺は満杯か？」

教室中の学生が「はい」と答えた。

「本当に？」

そう言いながら教授は、教壇の下からバケツ一杯の砂利を取り出した。

そして砂利を壺の中に流し込み、壺をゆすりながら、石と石の間を砂利で埋めていく。そしてもう一度聞いた。

「この壺は満杯か？」

学生は答えられない。

一人の生徒が「多分違うだろう」と答えた。

教授は「そうだ」と笑い、今度は教壇の陰から砂の入ったバケツを取り出した。

それを石と砂利の隙間に流し込んだ後、三度目の質問を投げかけた。

「この壺はこれで一杯になったのか？」

学生は声を揃えて、「いいえ」と答えた。

教授は水差しを取り出し、壺の縁までなみなみと水を注いだ。彼は学生に最後の質問を投げかける。

「僕が何を言いたいのか、わかるだろうか？」

一人の学生が手を挙げた。

「どんなにスケジュールが厳しい時でも、最大限の努力をすれば、いつでも予定を詰め込む事は可能だということです。」

「それは違う。」

と教授は言った。

「重要なポイントはそこにはないんだよ。この例が私達に示してくれる真実は、大きな石を先に入れない限り、それが入る余地は、その後二度と無いという事なんだ。」

君たちの人生にとって〝大きな石〟とは何だろう、と教授は話し始める。

「それは、仕事であったり、志であったり、愛する人であったり、家庭であったり、

自分の夢であったり。」

「ここで言う〝大きな石〟とは、君たちにとって一番大事なものだ。それを最初に壺の中に入れなさい。さもないと、君たちはそれを永遠に失う事になる。もし君たちが小さな砂利や砂や、つまり自分にとって重要性の低いものから自分の壺を満たしたならば、君達の人生は重要でない何かに満たされたものになるだろう。そして大きな石、つまり自分にとって一番大事なものに割く時間を失い、その結果それ自体失うだろう。」

（引用元「LIFE STYLE PLUS」http://lifestyle-plus365.com/?p=336）

※この話の原典は『7つの習慣』で有名なスティーブン・R・コヴィーの著書『7つの習慣　最優先事項――「人生の選択」と時間の原則』の中に出てくる話のようです。原典よりもわかりやすかったので、本書では、右記サイトで見つけたものを載せました。

騙されない思考回路のつくり方

過去にこんな詐欺の話がありました。

「自分は、１００％の確率で、株価の将来を言いあてられる」「自分にお金を預ければ、高い利回りで運用できる」と豪語した男にみんな騙されたのです。

考えてみれば、１００％の確率で将来を言いあてられる人間などいません（もしいるとしたら、その人は既に世界一の大金持ちになっているはずですね）。頭ではそれがわかっています。でも多くの人が騙されました。

なぜでしょうか？

それは、この男の〝実績〟を見せられたからです。

この男は、５週間にわたって「翌週の株価が上がるか下がるか」を予測し、それを〝顧客〟に向けてＤＭで送っていました。そして、その予測のすべてが的中したた

め、この男を信じてしまったのです。

DMを送られた〝顧客〟も最初は警戒します。しかし、正解を重ねるごとに、「当たった！」「また当たった!!」「どういうことだ!?!?」「この人は本物かもしれない……」「この人についていけば自分も億万長者になれる！」と考えるようになり、詐欺にハマってしまったのです。


みなさんにもぜひ考えていただきたいのです。この男は、どうやって5週連続も株価の推移を的中させたのでしょうか？　ひとつお伝えしておくと、この男は、5週だけでなく、10週でも同じことができます。

もちろんこの男は将来を予測できるわけではありません。しかし、顧客に送ったDMは間違いなく的中していました。みなさんはこのカラクリ、わかりましたか？


では、答えをお伝えします。

これは非常に簡単なことです。

この男は、DMを2種類つくり、別々の〝顧客〟に発送していました。「来週、株価は上昇する！」と書いたDMをAグループに送り、「下落する！」としたDMをBグループに送っていたのです。

そして、株価が上昇したら、〝正解〟を送ったAグループに次のDMを送ります。

Aグループをまた2つに分けて、2種類のDMを送ります。

このようにしていけば、最終的には全体の32分の1の顧客には「5週連続正解したDM」を送ったことになります。

そしてこの最後に残った人たちを相手に詐欺を働くのです。

結果だけを見ると「5週連続将来を言い当てた人物」になります。でも、カラクリを知ったら誰でもできることだとわかります。

しかし、多くの方がこの詐欺に引っかかってしまいます。

自分の頭で考える習慣を持つ

利根川は、〝限定ジャンケンに負けたときの処遇〟を尋ねられます。しかし答えません。「おまえらにはオレの話の裏をとる術はない」と一蹴します。

ここで強烈な衝撃を受けたのは、エスポワール号に乗っていた参加者だけではなく、カイジを読んでいたみなさんも同じだったと思います。

「負けた時の処遇について詳しく聞きたい」というセリフを目にしたとき、「たしかにそうだな」と思いませんでしたか？

その真偽はどうする……？
真偽などどうでもいいから
聞きたいと言うのか……？
ざわ…
ざわ‥
ざわ…
ククク……
すでにこの船に乗り込んでいるおまえらには
オレの話の裏をとる術《すべ》はない

世の中には「教えてくれ」「説明してくれ」が当たり前になっている「クレクレ人間」が多い。しかし相手がどんな情報を差し出そうとも必ず自分で確認するという習慣を持たなければ簡単に騙されてしまうのだ。

ただし、ここでは利根川が言うことが正論です。たしかに、エスポワール号に乗った時点で、降りることはできません。ゲームに参加するしかない。そして、負けたら有無を言わさず〝負けの処遇〟を受けさせられます。

だとしたら、聞いても仕方がないのです。そして、仮に利根川が何か教えてくれたとしても、それが本当かは確認できません。負けたらどうなるのかなど、聞いても仕方がないことなのです。

このエスポワール号に乗っていた人たちは〝ナイーブ〟すぎます。そもそも、相手が帝愛グループのような悪徳金融会社なのにもかかわらず、質問に正しく答えてくれると考えるほうがおかしいと思いませんか？　しかし、この参加者はその疑いすら持っていない人がいます。相手が言ったことを鵜呑みにし、自分で確認しようという意識がありません。

だから真偽を確認できないようなことを堂々と聞いてしまうのです。

まるで、ジャンケンをする相手に「次、何出す？」と質問するようなものです。答えるはずがないですし、仮に相手が何か答えたところで、それを信じていいわけがありません。

私たちは、情報を鵜呑みにしない思考回路が必要なんです。

日本人は〝クリティカル・シンキング〟が苦手と言われています。〝クリティカル・シンキング〟は、「批判的思考」と訳されることが多いです。

ただ、「批判的」というよりも、「情報を懐疑的に受け入れて自分で考えること」「吟味して考えること」を重要視していると思います。

何かを批判する、ダメ出しをするだけではいけません。入ってきた情報をそのまま受け入れるのではなく、いったん立ち止まって、正しいかどうかを自分で吟味する、ということです。

だからクリティカル・シンキングを身につけた人は、何でもかんでも批判するわけではありません。あくまでも「思考停止せず、自分で考える」ということです。

多くの日本人は、この〝クリティカル・シンキング〟が苦手で、情報を鵜呑みにしてしまっています。新しく入ってきた情報を吟味せず、思考が停止したまま、受け入れてしまっているというのです。

日本人が、自分で吟味する思考回路になれないのは、私たちが育ってきた環境も大きく影響していると思います。

子どもは、親や先生の言ったことをそのまま受け取る傾向にあります。特に〝いい子〟であればあるほど。子どもは、親や先生の顔色を見ながら自分の発言や行動を変えています。そればかりか、自分の考えそのものも、大人が気に入るように修正してしまう子もいます。

実は子どものころの私自身もそうでした。

今はかなり状況が変わっているようですが、私が子どものころは、学校の先生が「絶対」でした。先生は支配者で、先生が「教える」ことが〝唯一の正解〟で、それ以外は〝不正解〟という認識を強く持っていたのを覚えています。

先生が言っていることが「絶対」でしたし、授業中に自由に質問することも許されていませんでしたので、疑問を感じるということ自体難しかったのだと思います。

もちろん全部の学校がこんな状況ではなかったと思います。ちゃんと生徒の考えを尊重してくれる先生もいたとは思います。しかし大人になって振り返ると、「授業中に意見や疑問を先生に投げかけることに慣れていた」という人は少ないのではないでしょうか？

子どものときに「疑わない教育」「教えられたことを鵜呑みにする教育」をされてきたら、当然のように「情報を鵜呑みにする大人」ができ上がります。

重ねて言いますが、先述の教師のスタイルに当てはまらない先生がいるのは知っていますし、私もすばらしい先生に出会ったこともあります。しかし、絶対王政のような教師や教育方法が〝疑わない日本人〟をつくり上げてきたというのもまた事実だと思います。

疑うだけでは前に進めない

「情報を鵜呑みにするな」というアドバイスはよくされています。たしかに、そのアドバイスの方向性は正しいと思います。しかし同時に、無意味だとも思います。というのは「鵜呑みにするな」と言われても、鵜呑みにしないで考える方法がわからないからです。

新しく入ってきた情報を鵜呑みにしないのは、じつは難しいことです。自分の中で他に判断材料がないときには、特に難しい。予備知識がないことについて、「これはこういうものだよ」と言われたら、そのまま受け入れてしまいます。

ではどうすればいいのか？

「鵜呑みにするな」というアドバイスの代わりに自分に言い聞かせるのは、**「裏を取れ」「裏が取れるまで、行動するな」**ということです。

210ページのマンガの中でも、利根川は情報の裏を取ることについて触れています。

「すでにこの船に乗り込んでいるおまえらには　オレの話の裏をとる術はない」と。

しかし、この話を聞いていた人の中で、いったい何人が「この話の裏を取ろう」と考えたでしょうか？　おそらくほとんどそういう考えには至らなかったと思います。

情報を鵜呑みにしないということは、「この情報は本当だろうか？」と、疑ってかかることではありません。疑うだけでは、何も進みません。情報を丸飲みすることはないですが、同時に何も吸収できなくなります。これでは意味がありません。「情報を鵜呑みにしない」とは、「自分で裏をとって確かめる」ということです。

「最近は、本が売れない時代なんだよ」と言われたら、本当に売れていないのか、かつ全般的に売れていないのかを確認します。

「アメリカは肥満率が高いから、高齢者の突然死が多い」と聞いたら、アメリカが他の国と比べて肥満率が高いか、また、本当に高齢者の突然死が多いかどうか、そして、高齢者の突然死が多いのは、肥満率が高いことが原因なのか、を確認します。

世の中には情報があふれています。なかには、不正確なもの、間違っているものもたくさんあります。それが耳に入ってしまうのは仕方がないことです。防げません。

また、相手にその場で「それ、本当ですか？」「根拠はありますか？」など、確認が取れないこともあります。

そんなときは、「へぇ〜」くらいにとどめ、その情報に基づいて重要な判断をしない、その曖昧な情報から自分の意見をつくらない、という姿勢が大切です。

「正しさ」は人の手でつくられる

なぜこのような裏を取る考え方・トレーニングが必要なのでしょうか？　それは「相手が理論武装してくるから」です。

理論武装と聞いて、悪いイメージを持つことは少ないです。「ちゃんと理論武装して挑む」といえば、とても仕事ができる人の印象があります。

ただ、ここで少し考えたいのは、「理論武装」とは、「自分にとって都合がいい情報を集める」という行為だ、ということです。

営業担当者が理論武装する理由を考えてみてください。理論武装とは、自分の主張が「正しい」と言える根拠・証拠を並べることです。何のためか？　〝武装〟というくらいですから、相手と戦う・対決する性質がありますね。

もともと明らかに正しく、明らかに相手のためになるものであれば、理論武装は必要ありません。それをそのまま伝えれば、相手に受け入れてもらえるからです。

非常に意地悪な言い方をすると、ここで理論武装が必要なのは、自分にとって都合がいい情報を提供したときに、相手の反論を打ち落とすためです。相手から反論が出てきてもそれをつぶすために〝武装〟するんです。

ですから、前に述べたようにいくら「情報を鵜呑みにしない」と頭では考えていても、相手が「理論武装」していて、その情報が正しいと思わせる根拠や理由づけをたくさん提示されたら、「本当にそうなんだね」と考えてしまいます。

しかし、相手に〝武装〟をやめてもらうことはできません。相手はどんどん〝根拠のあるデータ〟を出してくるでしょう。ここで、相手の〝武装〟から、自分自身を守るために、知っておきたいことがあります。

それは、「正しいことを示す根拠・理由」は（比較的）簡単に集められる、ということです。

坂崎は、沼の攻略法をカイジに説明します。自分がどうやって沼を倒すか、自信満々に語るのです。この日は、設定が「A」だとか、沼に似せたダミー台で練習して実験済みだとか、「成功する要素」をいくつも並べます。

企業内でも、このようなことは日常茶飯事で行われています。新商品を企画すると

きには、「こういう商品が売れるかもしれない」というある程度の仮説をつくり、情報を集めていきます。

その仮説がなければ、むやみやたらに情報をかき集めることになり、時間もお金も足りなくなります。そういう意味で、まず仮説をつくり、情報を集めるという流れ自体は悪くはないと思います。

しかし、この〝仮説〟を持って情報を集めることで、集める情報に偏りが出てしまうことがよくあります。

自分たちが企画した方向性に合致するデータを集めるようになってしまう、もしくは、自分たちに都合がいいデータのみを集め、それを「市場の声」として捉えるようになってしまうんです。

情報を受け取る側は、この状況を知っておかなければいけません。「正しい情報」は集められます。**都合のいい情報しか見せられていない可能性もあります。**

あらかじめ方向づけた仮説が正しいことを示す情報は、人為的に集められてしまうのです。それを知っておかなければいけません。

迷ったら、「当てはまらないケース」を探す

もし自分が、疑問を抱くことを許さないひどい教師やひどい上司に出会ってしまったらどうすればいいでしょうか？　「ひどい教師に当たったから仕方がない」と終わらせてしまうのでは意味がありません。それこそ思考が停止しています。

もし仮に、あなた自身が〝ひどい教師〟にあたって、これまで疑うことができない環境で育ったとしましょう。そうだとしても、そこから自分自身でトレーニングして改善していかなければいけません。

また、自分の子どもが情報を鵜呑みにしがちであったなら、親として、大人として子どもに考えさせるトレーニングを施してあげなければいけません。それが大人の役割です。

では、そのトレーニングはどうすればいいのでしょうか？
どうすれば、「自分で考える人間」になれるのでしょうか？
まずやっていただきたいのが**「それが当てはまらないケースを探す」**方法です。

カイジは「沼」に勝利し、45組を地下から救出しました。しかしそこでカイジが命懸けで助けた三好と前田に、カイジは裏切られます。三好たちは、社長の村岡の口車に乗せられ、カイジに恨みを持つようになりました。村岡は、「カイジは〝沼〟に勝って大金を手にしている。しかし、それを内緒にし、独り占めしている」とウソをつきました。たしかに、カイジが大金を手にしていた可能性はありました（実際は、遠藤にハメられて、大部分を失ってしまいましたが）。「カイジが三好たちを騙している」可能性はいくらでも指摘できたのです。

ここで三好たちが行うべきだったのは、「村岡の主張に当てはまらない情報を探すこと」でした。村岡は「カイジは大金を隠し持ち、独り占めしている」と主張しましたが、その主張と矛盾する要素を探さなければいけなかったのです。

カイジが大金を得た？　でも〝沼〟は協力者（遠藤、坂崎）と一緒に攻略した。だとしたら、彼らの取り分もあったはず。

まるで言いなり・・・！
どうせ吹き込まれたんだろ………！
そこのペテン師に………！
そしてそれを……
スッポリ信じた……！
三好……
よく見てみろ
その男（社長）を………！

三好や前田はいつも「負け組」である。その要因のひとつに何でも人の言いなりになってしまうところがある。自分の身を守るためには「すぐには信じない」というしたたかさが必要なのである。

カイジが大金を隠し持っている？　だとしたらどこに隠している？　そもそも、大金をつかんでいるのに坂崎の家に居候する？

「矛盾する要素」をすべてつぶすことができたら、その主張を受け入れてもいいでしょう。人から言われたことを鵜呑みにし、それをそのまま「自分の意見」としてしまうことは、非常にカッコ悪いです。三好と前田の振る舞いを見ると、そのアホさ加減が十分に伝わってきます。私たち自身は、こうならないようにしたいものです。

したたかに負けると次の勝ちが見えてくる

勝負に勝つための方法は、「正面突破」だけではありません。横綱相撲をするだけが、勝ちパターンではありません。何とかして自分が望む結果を出すために、与えられた状況を見て、自分に与えられた資源を使い、取れる戦略を考えて戦う、それが勝負です。

帝愛グループのような圧倒的巨大組織は、横綱相撲を取っていればいい。仮に数回負けたところで、痛くもかゆくもありません。カイジと帝愛グループが戦ったとき、カイジは命や鼓膜、指などを賭けて文字通り命がけの勝負でした。しかし帝愛が賭けていたのは、誤差程度のはした金です。

そんな〝はした金〟を賭けている余裕たっぷりの相手に、横綱相撲を仕掛けて勝てるはずがありません。カイジが勝てるとしたら、一点のほころびを突くしかない。

そして、そのほころびを突く以外の勝負は捨てます。チャンスが巡ってくるまで、やられつづけ、負けつづけます。でもそれでも構わないわけです。

すべての勝負で相手に勝る必要はないということです。負けているところがあったり、負けている時期があったとします。この負けている箇所、負けている時期にどのように反応し、どのように対処するかによって、その後が変わります。

まじめで、学生のときに優等生だった人は、すべての「科目」で勝たなければいけないと考える傾向があります。たしかに、大学受験までは、総合点で競っていましたので、全部の科目でライバルに勝たなければいけませんでした。

しかし実社会は違います。

致命的にならないものは、負けていていいのです。

そして、もっと大事なことは、一部で負けているということは、決してすべてにおいて負けているわけではないということです。

人に負けないようにしようとすると、どうしてもネガティブな感情が出てきてしまいます。そうではなく、「表面で負けて実を取る」「実を取るためにむしろ表面では負ける」という考え方をしている人が、結果的に強く生き残るのだと思います。

そもそも、表面的に相手に勝ったように見せかけても、意味がありません。ＳＮＳで有名人と知り合いのふりをしたり、ブランドものを無理に買い集めて格好つけたり、表面的に世間から良く思われても仕方ないのです。

全部に勝つ必要はありません。相手に譲っていい部分、負けていることを気にしなくていい部分があります。そこにまで一生懸命気を張って、結果的に体力を使い果たし、重要な点で負けてしまうとしたら本末転倒です。

完封勝利をする必要はありません。小さく負けて、大きく勝てば〝一勝九敗〟でも構いません。守るべきものは、全勝でもなく、ましてやプライドや自意識でもありま

地下で班長の大槻らからいじめを受けるカイジたち。カイジら45組はここでは敗者だが「あえての負け」なのだ。カイジは「弱さ」も武器にして戦う。

せん。実利、つまり自分の目的さえ達成できればそれでいいのです。

あなたにとっての勝ちとは何でしょうか?

それをまず自分に問うてください。これが世の中を生き抜くゲームのルールのうち、最も重要なものなのです。

その〝勝ち〟に、カイジと同じレベルで執着したとき、新たな突破口が見えるのだと思います。

おわりに

私がこの本を書いたのは、自分自身が仕事でうまくいかなかったときに、『カイジ』を読み返して重要なものに気づかされたからです。

私たちは、自分の目標や〝夢〟を実現させるために、日々必死に仕事をし、本を読んだり講座を受けたりして勉強をし、成長しようとがんばっています。

私もそうでした。

でも、あるとき、まったく前進していない自分に気づきました。必死に仕事をしても、何冊本を読んで勉強しても、状況が何も改善されていなかったのです。知識や、いわゆるノウハウはたくさん貯め込みました。でも、現実は変わっていませんでした。

そこでようやく自分で気づきました。必要なのは、「やり方を知っていること」ではなく、「どんなに不格好でもいいから、覚悟を持って突き進むこと」なのだと。

私は大学3年生のとき、自分で作成した経済学の基礎をまとめた冊子（『T．K論』

と名付けました）を大学の近くの書店でおいてもらうよう自分で交渉し、4年間で5万部を売りました。

冊子といっても、大学の印刷機を借りて印刷し、自分でホチキス止めしたようなものです。それを書店で「書籍」として売ってもらったのです。

出版社を10年間経営し、出版業界が徐々にわかってきた今から思えば、素人がつくった冊子を書店に置いてもらうなど、あきれるくらい無謀なことです。

当時の自分と比べると、今の私のほうが圧倒的にビジネスの知識や知恵、ノウハウがあります。でも、当時の私でも4年間で5万部売れるベストセラー冊子をつくることができたのです。

当時の私は出版業界について何も知りませんでした。でも、覚悟はありました。やり方など知らなくても、覚悟を決めてやり切れば何とかなる。逆に、やり方を知っていても、覚悟を持たなければ何もできないのです。

学生のときに自分自身がやっていたことなのに、社会人になって数年たつと私はそれを忘れてしまっていたのです。

世間体や、他人からの目を意識して行動がとれなくなっていたり、いろいろ知りすぎて失敗を恐れるようになっている人は多いと思います。

部下ができたから、しっかりしなければいけない。
いい大人になったから、知らないのは恥ずかしい。
経験を積んでいるんだから、間違ってはいけない。

そういう「ルール」にがんじがらめになってはいませんか？

成果を出せる人と、出せない人
目標を達成できる人と、達成できない人
夢をつかみ取れる人と、夢が夢で終わる人

これらの違いはどこにあるのでしょうか？

本書を読んでいただいた方の多くは、カイジより勉強し、働き、いろいろなチャンスに巡り合ってきたことでしょう。カイジよりも、まじめに、誠実に生きてきた、という方が多いと思います。

けれど、自分が本当につかみたいものは手にしていない。

だとしたら、私たちに必要なのは、覚悟です。そして、その覚悟を持って、したたかに生きることです。

『カイジ』と本書から、ぜひそのエッセンスを感じ取ってください。そして、「もう一度、覚悟を持ってやってみよう」という思いを抱いていただけたなら、著者として、『カイジ』の紹介者として、圧倒的幸福です。

２０１６年　新春

木暮太一

木暮太一（こぐれ・たいち）

経済入門書作家、経済ジャーナリスト。ベストセラー『カイジ「命より重い！」お金の話』『カイジ「勝つべくして勝つ！」働き方の話』『カイジ「どん底からはいあがる」生き方の話』（以上、サンマーク出版）ほか、『僕たちはいつまでこんな働き方を続けるのか？』（星海社新書）、『今までで一番やさしい経済の教科書』（ダイヤモンド社）、『説明力の教科書』（マトマ出版）など著書多数。慶應義塾大学経済学部を卒業後、富士フイルム、サイバーエージェント、リクルートを経て独立。学生時代から難しいことを簡単に説明することに定評があり、大学時代に自主制作した経済学の解説本『T.K論』が学内で爆発的にヒット。現在も経済学部の必読書としてロングセラーに。相手の目線に立った話し方・伝え方が、「実務経験者ならでは」と各方面から高評を博し、現在では、企業・大学・団体向けに多くの講演活動を行っている。

公式ブログ：http://ameblo.jp/koguretaichi

facebook：http://www.facebook.com/koguretaichi

twitter：@koguretaichi

カイジ「したたかにつかみとる」覚悟の話

二〇一六年一月三十日　初版印刷
二〇一六年二月　五　日　初版発行

著　者　木暮太一
発行人　植木宣隆
発行所　株式会社サンマーク出版
〒一六九-〇〇七五
東京都新宿区高田馬場二-一六-一一
電話　〇三-五二七二-三一六六

印　刷　共同印刷株式会社
製　本　株式会社村上製本所

ホームページ　http://www.sunmark.co.jp
携帯サイト　http://www.sunmark.jp

ISBN978-4-7631-3525-4 C0030